조국의 독립과
세계 평화를 꿈꾼 영웅
안중근

이야기/교과서/인물 안중근

초판 제1쇄 발행일 2016년 5월 30일
초판 제6쇄 발행일 2024년 1월 20일

글 이재승, 최승한   그림 김혜원

발행인 윤호권   사업총괄 정유한
발행처 (주)시공사   주소 서울시 성동구 상원1길 22, 7-8층 (우편번호 04779)
대표전화 02-3486-6877   팩스(주문) 02-585-1247
홈페이지 www.sigongsa.com / www.sigongjunior.com

ⓒ 이재승, 최승한, 김혜원, 2016

이 책의 출판권은 (주)시공사에 있습니다.
저작권법에 의해 보호를 받는 저작물이므로, 무단 전재와 무단 복제를 금합니다.

ISBN 978-89-527-8235-9 74990
ISBN 978-89-527-8164-2 (세트)

*시공사는 시공간을 넘는 무한한 콘텐츠 세상을 만듭니다.
*시공사는 더 나은 내일을 함께 만들 여러분의 소중한 의견을 기다립니다.
*잘못 만들어진 책은 구입하신 곳에서 바꾸어 드립니다.

사진 자료 제공 | 13쪽 안중근 의사 유묵 문화재청(공공누리 제1유형) | 59쪽 을사조약 원본 규장각 한국학 연구원
86쪽 국채 보상 운동 모집 금액표, 101쪽 호남 지역 의병장들, 151쪽 안중근 의사 단지 혈서 엽서 **독립 기념관**
12쪽 안중근 의사 동상, 14쪽 안중근 의사 기념관 중앙홀, 17쪽 안중근 의사 재판 장면,
29쪽 동학 농민 운동 100주년 기념탑, 73쪽 옛 러시아 공사관, 145쪽 삼의사의 묘 **연합 뉴스**

┌─ **WEPUB** 원스톱 출판 투고 플랫폼 '위펍' __wepub.kr ─┐
│ 위펍은 다양한 콘텐츠 발굴과 확장의 기회를 높여주는 │
│ 시공사의 출판IP 투고·매칭 플랫폼입니다. │
└─────────────────────────────────┘

KC마크는 이 제품이 공통안전기준에 적합하였음을 의미합니다.
제조국 : 대한민국   사용 연령 : 8세 이상
책장에 손이 베이지 않게, 모서리에 다치지 않게 주의하세요.

조국의 독립과
세계 평화를 꿈꾼 영웅

안중근

이재승, 최승한 글 | 김혜원 그림

시공주니어

작가의 말 … 6
안중근을 찾아가다 … 8

1장 해내겠다는 굳은 마음 … 18
역사 한 고개 동학 농민 운동 … 28

2장 변화에 대한 열망 … 30

3장 모든 백성에게 배움이 필요하다 … 40

4장 아버지와의 약속을 지키다 … 48
역사 한 고개 을사조약과 이토 히로부미 … 58

5장 안으로부터의 발돋움 … 60
역사 한 고개 을미사변과 아관 파천 … 72

6장 　교육으로 전해지는 독립 정신 … 74
　　　　역사 한 고개 국채 보상 운동 … 86

7장 　꿈을 위해 몸소 실천하라 … 88
　　　　역사 한 고개 구한말의 의병 활동 … 100

8장 　서로 다른 것을 인정할 줄 아는 마음 … 102

9장 　민족의 이름으로 거사를 치르다 … 110

10장 　변치 않는 우국충절 … 122

11장 　살아 있는 이름, 안중근 … 132
　　　　역사 한 고개 안중근을 기다리는 독립운동가들 … 142

안중근에게 묻다 … 146
안중근이 걸어온 길 … 150

안중근을 만나다

어느 날, 여러분의 교실에 옆 반 선생님이 들어와서 모두 자리에서 일어나라고 하고는, 지시를 따르지 않는 학생들을 크게 혼낸다고 상상해 봅시다. 그리고 나서 옆 반 학생들을 여러분의 교실로 모두 들어오라고 하고, 그들이 여러분의 책상과 의자를 모두 차지하게 합니다. 이런 황당한 상황이 벌어진다면 여러분은 어떤 기분이 들까요?

이러한 일이 1900년대 초 우리 민족에게 실제로 벌어졌습니다. 일본은 조선 사람들을 핍박하며 온갖 자원과 권리를 모두 빼앗아 갔습니다. 조선 백성들은 아무 말도 못 하고 묵묵히 참고 견뎌야만 했습니다.

다시 교실로 돌아와 봅시다. 여러분 중 한 학생이 나서서 옆 반 선생님에게 한마디 합니다.

"선생님, 왜 우리 교실에 들어와서 이러시는 겁니까? 여기는 우리 교실이고 선생님께서 이렇게 하시는 것은 잘못된 일입니다."

터무니없는 상황에 그저 당황하고만 있던 여러분은 그 학생을 보고 용기를 내어 한마디씩 할 수 있게 될 것입니다.

이처럼 안중근 의사는 우리 민족을 위하여 일본을 향해 똑같이 말했습니다. 조선 땅에 들어와 조선 사람들을 핍박하고 자기 나라 사람의 이익만을 챙기는 일본을 향해, 그것이 잘못된 일이라는 것을 알리고 바로잡기 위해 스스로 나섰던 것입니다. 이를 통해 조선의 많은 사람들이 안중근 의사를 따라 독립을 꿈꿨고, 독립을 위해 함께 노력했습니다. 이러한 노력이 하나둘 모여 1945년 8월 15일 드디어 광복을 맞이할 수 있었던 것입니다.

이 책은 안중근 의사가 우리 민족을 위해 어떤 삶을 살았는지 알기 쉽게 풀어 쓴 책입니다. 이 책을 통해 여러분은 부모님과 아내, 자녀들에게 최선을 다하는 아들이자 가장으로서의 안중근, 학생들을 가르쳐 민족의 일꾼으로 길러 낸 스승으로서의 안중근, 우리 민족의 정신을 일깨우고 일본의 침략에 당당히 맞서 싸운 독립운동가로서의 안중근을 만날 수 있습니다.

좋은 집안에서 태어나 편하게 살 수도 있었지만, 안중근 의사는 자신의 삶을 우리 민족을 위해 바쳤습니다. 그러한 삶을 통해 안중근 의사가 여러분에게 들려주고자 하는 이야기에 귀 기울여 보세요. 나라 사랑에 한평생을 바치는 한편 동양의 평화를 외치며 국경을 초월한 인간애를 보여 준 독립운동가 안중근. 여러분이 이 책을 통해 안중근 의사가 가졌던 위대한 정신을 조금이라도 이해할 수 있다면 더할 나위 없이 기쁘겠습니다.

이재승, 최승한

● 안중근을
  찾아가다

안중근 의사 기념관
안중근 의사에 관한
유물과 자료를 전시하고
그의 사상과 정신을 전하기 위해
세워진 기념관.
서울특별시 중구 소월로 91

밸런타인데이와 안중근 의사

며칠 전, 학교에서 수업을 마치고 청소를 할 때였다. 은선이와 수다를 떨며 교실 바닥을 쓸고 있는데, 현욱이가 긴장한 표정으로 나에게 다가와 말했다.

"학년이 바뀌어도 혜은이 너랑 같은 반이 됐으면 좋겠어."

현욱이의 갑작스런 말에 나도, 옆에 있던 은선이도, 같이 청소하고 있던 다른 친구들도 모두 깜짝 놀랐다. 현욱이는 나를 바라보다 내가 아무 말이 없자 교실 밖으로 급하게 뛰쳐나갔고, 주변에 있던 친구들이 모두 웃으며 나를 놀리기 시작했다. 나는 새빨개진 얼굴을 감싸고 그 자리를 얼른 벗어났다.

그 이후로 현욱이와의 사이가 굉장히 서먹해졌다. 평소에는 인사도 잘 하고 스스럼없이 어울릴 수 있었지만 이제는 그럴 수 없다. 같은 반이 되고 싶은 마음은 나도 같았지만 그것을 편하게 말할 수 없게 되어 버렸다.

이때 은선이가 밸런타인데이는 좋아하는 남자에게 초콜릿을 주며 마음을 표현하는 날이라는 말을 해 주었다. 그날 내가 현욱이에게 초콜릿을 주며 나도 같은 마음을 가졌다는 것을 알려 주기만 하면 서로 좀 더 편해질 수 있을 것 같았다. 그래서 나는 조그마한 초콜릿을 하나 사고, 정성 들여 예쁜 엽서를 썼다.

현욱이에게

안녕? 나 혜은이야. 깜짝 놀랐지?
사실 저번에 너에게 들은 이야기 때문에 친구들이 놀려서 어색한 마음에 대답을 하지 못했어.
나도 다음 학년에 너와 같은 반이 되고 싶어.
이 초콜릿은 소중한 친구에 대한 나의 마음이야!
현욱아! 우리 앞으로 더 친하게 지내자.

혜은이가

하지만 자꾸 친구들의 시선이 신경 쓰였다.

'현욱이한테 초콜릿 주는 걸 아이들이 다른 뜻으로 오해하고 놀리면 어쩌지?'

내일 이 초콜릿을 현욱이에게 도저히 줄 수 없을 것만 같다. 답답한 마음에 소파에 누워 이리저리 뒤척거렸다. 그러자 엄마는 '얘가 오늘 왜 이러지?' 하는 표정으로 나의 얼굴을 빤히 바라보았다.

텔레비전에서 뉴스가 흘러나오고 있었다.

"내일이죠? 2월 14일은 달콤한 초콜릿에 사랑을 담아 전하는 밸런타인데이입니다. 하지만 이날은 안중근 의사가 일제에 의해 사형을 선고받은 날이기도 합니다. 오늘은 달콤한 초콜릿에 가려져 있던 2월 14일의 또 다른 의미에 대하여 짚어 보도록 하겠습니다."

"엄마, 밸런타인데이에 초콜릿을 주고받는 행동이 잘못됐다는 얘기야?"

"아니, 그런 말이 아니라 그날의 의미에 대해서 한 번 더 생각해 보자는 거야. 2월 14일은 사람들이 서로 초콜릿을 나누며 행복해지는 날이기도 하지만 안중근 의사가 우리나라를 위해 목숨을 바친 날이기도 하니까."

"안중근 의사도 그날이 밸런타인데이라는 걸 알고 있었을까?"

"하하, 글쎄. 하지만 또 모르지. 안중근 의사는 우리나라 사람 모두에게 자신의 마음을 전달했으니까 말이야."

"마음을 전달하다니, 그건 또 무슨 말이야?"

"안중근 의사는 독립을 향한 간절한 마음을 행동으로 우리에게 전달해 줬잖아. 우리가 밸런타인데이에 다른 사람에게 초콜릿을 주면서 마음을 전하는 것처럼."

안중근 의사는 어떻게 자신의 마음을 우리나라 사람 모두에게 전달했을까? 나에게는 현욱이에게 초콜릿을 주는 것도 무척 어려운 일인데.

"엄마, 내가 꼭 하고 싶은 말이 있는데 말을 꺼내지 못하겠는 건 왜 그런 걸까?"

"우리 딸이 무슨 고민이 있는 모양이구나. 누구에게나 그런 순간이 있단다. 그 이유를 알면 세상이 무척이나 쉽겠지."

엄마가 미소를 지었다.

"단재 신채호 선생의 '역사를 잊은 민족에게 미래는 없다.'라는 말처럼, 우리는 안중근 의사가 꼭 이루고자 했던 것을 끊임없이 되새기고 탐구해야 할 것입니다. 여러분에게 가장 중요한 것은 무엇입니까? 안중근 의사에게 가장 중요한 것은 '대한민국'이었습니다. 뉴스 마치겠습니다. 감사합니다."

'가장 중요한 것'이라는 말이 계속해서 귓속을 맴돌았다. 현욱이와 편해지고 싶은 마음과 다른 아이들이 나에 대해 어떻게 생각하고 판단하는지 신경 쓰는 마음, 과연 나에게 무엇이 더 중요할까? 어떻게 자기 목숨보다도 나라가 더 소중할 수 있을까? 안중근 의사는 자신에게 가장 소중한 것을 어떻게 찾아냈을까? 꼭 한번 만나서 묻고 싶다.

"엄마, 내일 토요일인데 남산에 있는 안중근 의사 기념관에 가 볼까?"

"그럴까? 요새 날씨도 따뜻해졌으니까 남산에서 천천히 산책도 하고, 우리 딸하고 데이트도 하고. 그렇게 하자."

2월 14일, 아침 일찍 눈을 뜬 나는 엄마와 함께 지하철을 탔다. 회현 역

기념관 입구에 있는 안중근 의사 동상

에서 내린 우리는 남산 공원 쪽으로 천천히 올라 안중근 의사 기념관에 도착했다. 제일 먼저 안중근 의사의 동상이 우리를 맞아 줬다.

'안중근 의사님, 어떻게 자신의 마음을 다른 사람에게 전달할 수 있었나요? 저는 제 마음을 다른 사람에게 알리는 게 너무 어려워요. 친구에게 초콜릿 하나 주는 것도 못 하고 있는데……'

안중근 의사는 먼 곳을 바라보며 나에게 아무런 말도 하지 않았다. 마음은 더 답답해졌다. 입구 쪽으로 좀 더 들어가자 안중근 의사의 글씨가 벽에 새겨져 있었다. 직접 쓴 붓글씨는 2층에서 볼 수 있다고 했다.

"어머! 엄마, 글씨마다 새겨져 있는 손 모양 좀 봐. 네 번째 손가락과 다섯 번째 손가락의 길이가 같아."

"이건 안중근 의사의 손이란다. 안중근 의사는 11명의 동료들과 함께, 대한 독립의 의지를 다지기 위해서 왼손 약지를 칼로 자르셨어."

"……"

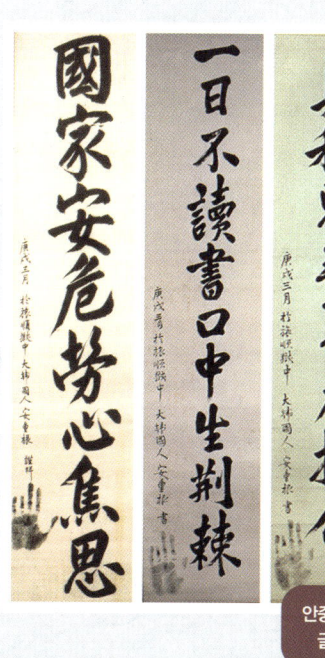

안중근의 글씨

> **안중근의 글씨**(왼쪽부터)
> 국가안위 노심초사(나라의 안위를 걱정하고 애태운다)
> 일일부독서 구중생형극(하루라도 글을 읽지 않으면 입안에 가시가 돋는다)
> 견리사의 견위수명(이익을 보거든 정의를 생각하고, 위태로움을 보거든 목숨을 바쳐라)

안중근 의사 동상과 혈서 태극기(복제본)가 보이는 중앙홀

아무 말도 할 수가 없었다. 안중근 의사는 왜 손가락을 잘랐을까? 손가락 주변을 베여서 피가 조금만 나도 울고불고 난리를 치던 나를 생각하니 안중근 의사는 어떤 마음으로 저렇게 할 수 있었는지 더욱 궁금해졌다.

기념관 안으로 들어서자 안중근 의사가 앉아 있는 모습의 동상이 보이고, 그 뒤로 태극기가 걸려 있었다. 태극기에 '대한 독립(大韓獨立)'이라고 쓰인 네 글자가 바로 안중근 의사가 손가락을 자르고 나서 피로 쓴 글자라고 한다.

절로 고개가 숙여졌다. 경건한 마음으로 조용히 전시실에 들어섰다. 한쪽 벽면에는 안중근 의사의 손도장과 함께 독립을 향한 열망이 담긴 유언이 적혀 있었다. 안중근 의사에게 조국의 독립은 자신의 목숨보다 더욱더 소중했다. 그렇기 때문에 손가락의 아픔은 아무것도 아니었고, 목숨을 기꺼이 내놓을 수 있었던 것이다.

화살표를 따라 걸으며 안중근 의사의 생애를 짚어 보았다. 안중근 의사의 출생과 성장 과정을 비롯하여 교육과 의병 활동 등 독립운동, 하얼빈 의

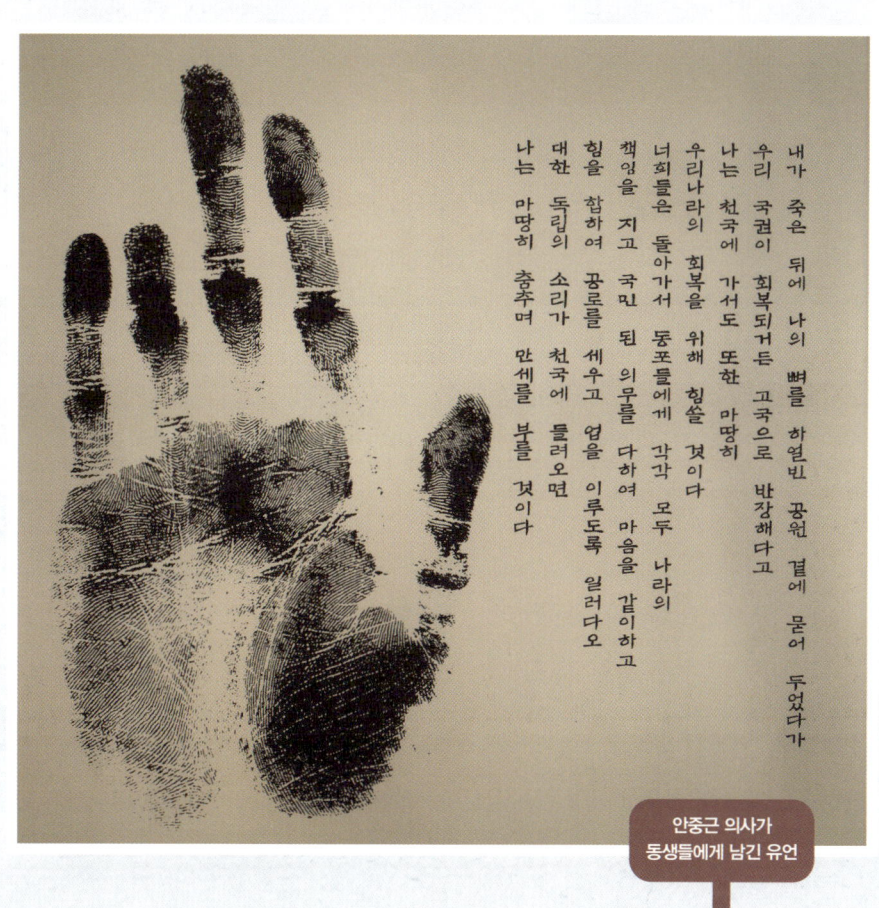

내가 죽은 뒤에 나의 뼈를 하얼빈 공원 곁에 묻어 두었다가
우리 국권이 회복되거든 고국으로 반장해다고
나는 천국에 가서도 또한 마땅히 우리나라의 회복을 위해 힘쓸 것이다
너희들은 돌아가서 동포들에게 각각 나라의 책임을 지고 국민 된 의무를 다하여 마음을 같이하고 힘을 합하여 공로를 세우고 업을 이루도록 일러다오
대한 독립의 소리가 천국에 들려오면 나는 마땅히 춤추며 만세를 부를 것이다

안중근 의사가 동생들에게 남긴 유언

거와 재판, 순국 등 안중근 의사의 행적을 보여 주는 전시물을 살펴보니 마음이 숙연해졌다. 한 명도 자신을 응원하지 않는 일본 법정 안에서 신념을 굽히지 않았던 안중근 의사의 모습을 볼 때는 나의 마음 깊숙한 곳에서 울림이 느껴졌다.

안중근 의사는 결국 우리나라의 독립을 보지 못하고 돌아가셨다. 하지만 그의 뜻은 여러 독립투사들에게 이어졌고, 죽기까지 지켜 왔던 신념은 1945년 8월 15일에 마침내 실현됐다. 나의 마음에 가장 감명 깊게 다가온 것은 바로 이 사실이었다.

"혜은아, 어때? 잘 온 것 같아?"

"엄마, 안중근 의사는 결국 마음에서 바랐던 일을 이루어 내셨어. 안중근 의사가 불안해하고 의심했다면 우리나라의 독립은 절대 이루어지지 못했을 거야."

안중근 의사의 의거 장면을 재현한 모형

안중근 의사의 재판 장면을 재현한 모형

　자신의 마음 안에서 옳다고 확신한다면 어느 누구도 비웃을 수 없다. 안중근 의사가 그것을 몸소 보여 주었다. 안중근 의사가 이룬 일에 비하면 지금 내가 고민하고 있는 것은 한없이 사소하고 개인적인 일이지만, 현욱이에게 건네지 못한 내 마음을 다시 한번 생각해 보게 된다.
　오후에 학원에 가면 현욱이를 만나게 될 것이다. 현욱이를 좋아하는 나의 마음이 확실하다면 다른 아이들의 시선은 그다지 중요한 것이 아니다.
　'오늘 학원에 가서 현욱이한테 먼저 웃으면서 인사를 해야겠다. 현욱이도 나한테 웃어 주면 좋겠는데…….'
　나도 모르게 얼굴에 미소가 지어진다. 먼 곳을 바라보던 안중근 의사의 동상도 살며시 웃고 있는 것 같다.

1장
해내겠다는 굳은 마음

1879년 7월 16일, 황해도 해주 수양산 아래의 한 기와집에서 우렁찬 울음소리가 들렸다.

"허허, 이놈 보소. 울음소리를 보아하니 큰 인물이 되겠구나!"

"아버지, 아기의 가슴에 있는 7개의 점이 꼭 북두칠성 같지 않습니까?"

"그렇군. 기이한 일이로구나."

"이 아이는 우리에게 내려진 큰 복이 틀림없습니다."

안태훈은 아버지 안인수에게 아기가 태어난 기쁨을 맘껏 표현하였다. 안인수는 아기 가슴에 난 7개의 점을 보고 이름을 응칠(應七)이라 지었다. 북두칠성의 기운을 받아 건강하고 뜻있게 살라는 뜻이었다. 이 아기가 바로 안중근이었고, 안인수와 안태훈은 바로 그의 할아버지와 아버지였다.

그 뒤 응칠의 가족은 황해도 신천군 청계산 부근으로 옮겨 가 살게 되었다. 응칠의 집은 주변의 어떤 집보다도 웅장했다. 응칠의 할아버지 안인수는 한 고을의 현감을 지낸 사람이었고, 안중근의 아버지 안태훈도 과거를 보아 진사시를 통과했다고 전한다. 이러한 집안에서 태어난 응칠에게 거는 가족들의 기대는 굉장히 컸다. 할아버지는 응칠이 어릴 때부터 학문의 중요성을 강조하며 책 읽기를 게을리하지 말라고 늘 이야기했다.

하지만 응칠의 관심을 끄는 것은 학문이 아니라, 사계절 아름다운 청계산을 맘껏 뛰어다니며 활을 쏘아 짐승을 잡는 것이었다. 응칠은 어릴 때부터 남달리 무서움을 모르는 아이였다. 어린 나이임에도 호랑이, 곰, 스라소니와 같은 맹수가 많이 살고 있는 산속을 두려워하지 않았으며, 활쏘기 실력도 보통이 아니었다.

이렇게 응칠이 사냥에만 정신이 팔려 있는 것에 대해 할아버지 안인수의 걱정은 이만저만이 아니었다. 응칠의 두 남동생은 할아버지의 말을 따라 책을 읽고 공부하려는 노력을 보였지만 응칠은 하루가 멀다 하고 산으로 사냥을 하러 나갔다.

살을 에는 듯한 추위에 눈이 허벅지까지 묻히던 어느 날, 응칠은 따뜻한 털옷을 걸치고 사냥을 나서려 하고 있었다. 친구들이 보기에 그 모습은 양반이라 할 수 없었다. 그들은 좋은 집안에서 태어난 응칠이 왜 그렇게 사냥을 좋아하는지 이해할 수 없었다. 한 친구가 응칠에게 물었다.

"장차 큰일을 하려면 학문을 닦아야 할 텐데, 응칠이 너는 하층민들이나 하는 사냥에만 매달려서야 되겠니?"

그러자 응칠은 이렇게 대답했다.

"물론 학문을 닦는 것은 중요해. 하지만 사냥을 하는 데 신분의 구별이 어디 있어? 뜻을 가지고 무언가 한다는 것이 중요한 거지. 굳은 의지를 가지고 자신이 하고자 하는 일을 해낸다면 그것이 장부라고 생각해. 초패왕 **항우**도 '글은 이름과 성을 쓸 수 있는 것으로 충분하다.'라고 하였는데, 이 말은 후세까지 전해지고 있잖아? 항우도 마음속에 뜻하는 바가 깊었고 또 그걸 이루었으니, 그 이름이 아직까지도 전해지고 있는 것 아니겠어?"

"하지만 짐승의 털가죽을 입은 네 모습은 영락없는 **백정**인걸. 이런 모습을 보고 우리가 어찌 비웃지 않을 수 있겠어?"

"겉으로 보이는 모습은 중요하지 않아. 마음속에 굳은 신념이 있다면 무엇을 하든지 부끄러움이 없는 거야."

친구들도 그 말을 듣고 고개를 끄덕였다. 그 후부터 친구들은 응칠에게 학문에 대해 입을 열지 않았다.

응칠은 사냥에 더욱 집중하게 되었다. 커 가면서 활쏘기 실력을 더욱 닦았고, 신식 무기인 총도 다룰 수 있게 되었다. 총은 활보다 뛰어난 무기였

항우
옛 중국 초나라의 장수. 진나라를 멸망시키고 유방과 중국 영토의 지배권을 놓고 다퉜다. 항우는 결국 유방에게 패하여 자결하고 만다. 유방이 중국에 세운 나라가 바로 한나라이다.

백정
소나 돼지 등을 잡는 일을 하던 조선 시대 하층민.

지만 다루기가 쉽지는 않았다. 응칠은 하루도 빠지지 않고 총 쏘는 연습을 했고, 공부에서는 친구들보다 뒤질지언정 사냥 실력만은 누구보다 뛰어났다. 특히, 활이나 총처럼 멀리서 쏴 맞히는 무기를 다루는 솜씨는 응칠이 마을 어른들보다 뛰어났다. 마을 사람들은 응칠의 아버지 안태훈을 만나면 이런 소리를 곧잘 했다.

"안 진사 어른, 응칠이 총 솜씨는 정말 대단합니다. 어릴 적부터 그렇게 노력하더니만 이제는 사냥 실력 하나는 가히 최고라 할 만합니다. 기특하시겠습니다."

"허허, 그렇게 뛰어나단 말입니까? 저도 한번 응칠이의 사냥 솜씨를 살펴봐야겠군요."

안태훈은 마을 사람들에게 겸손하게 이야기하면서도 그때까지 응칠이 공부를 소홀히 해서 걱정이었던 마음이 조금은 풀어졌다. 그때부터 안태훈은 응칠이 사냥하는 것에 대해 뭐라 하지 않았고, 할아버지 안인수에게도 응칠의 사냥 취미에 대해 너무 걱정하지 말고 천천히 지켜보자는 말을 전하였다.

응칠이 이만큼 사냥을 잘하게 된 것은 천부적인 재능 때문이 아니었다. 그렇게 되기까지 많은 시행착오가 있었지만 자신이 하고자 하는 일을 포기하지 않고 최선을 다했기에 가능한 것이었다. 응칠은 학문으로 이름을 날리고자 한 것이 아니라 옛 장군들과 같이 무예를 통해 장부의 길을 가고자 하였다. 사냥을 하면서 자연스레 그런 마음을 키우게 되었고, 이를 위해 꾸준히 노력한 것이다.

응칠은 16세가 되던 1894년, '아려'라는 아가씨와 혼인을 하고 이때부터 '응칠'이라는 **아명** 대신 '중근'이라는 이름을 사용하게 되었다. 1894년 조선은 전쟁으로 하루도 조용할 날이 없었다. 그 신호탄은 동학 농민 운동이었다. 동학 농민 운동은 동학 교도들을 중심으로 한 농민들이 탐관오리들의 횡포와 부정부패에 맞서 일어난 무장봉기 운동이었다. 잘못된 정치를 바로잡고 외세의 침략을 물리치고자 했던 취지로 일어난 봉기였으나, 봉기에 참여한 사람들 중 일부는 동학 농민 운동 자체를 자신의 굶주린 배를 채우기 위한 수단으로 이용하였다. 이러한 폭도들은 자신과 같은 처지의 농민들을 약탈하고 죽이기까지 했다. 그러한 도적 떼를 가만히 둘 수 없었던 안태훈은 마을의 동지들을 한곳에 모으고 그들을 소탕하기 위한 계획을 짰다.

"우리는 조선을 위해 한자리에 모였습니다. 지금 도적들은 자신들과 같은 처지의 농민들을 약탈하고 짓밟는 행동을 하고 있습니다. 그러한 자들을 처단하지 못한다면 조선은 더 깊은 수렁 속에 빠지게 될 것입니다. 모두 힘을 합쳐 도적들을 몰아냅시다."

많은 사람들이 안태훈과 뜻을 같이했다. 안중근도 자신이 그때까지 꿈꿔 왔던 장부로서의 삶이 눈앞에 다가온 것을 느꼈다. 늦은 밤, 안중근은 비장한 얼굴로 아버지 방을 찾았다.

아명(兒名)
아이 때 사용하는 이름. 안중근은 '응칠'이라는 아명을 혼례를 올리기 전까지 사용하고 결혼을 하고 나서는 중근(重根)이란 이름을 더 많이 사용하게 되었다.

"아버지, 이번 전쟁에 저도 꼭 같이 나갔으면 합니다."

"전쟁이라고는 한 번도 겪어 보지 않고, 이제 막 결혼한 녀석이 어딜 나서겠다는 말이냐? 너는 아직 어리니 이번 싸움에는 빠지거라."

"아버지, 저는 조선을 위해서 싸우고 싶습니다. 나라가 위급한 마당에 집 안에서 어찌 편안히 앉아 있을 수 있단 말입니까? 저는 지금까지 나라를 위해 일하겠다는 마음 하나로 무예를 익혀 왔습니다. 사격과 활 솜씨는 그 누구에게도 지지 않을 자신이 있습니다."

"안 된다! 나가고 싶은 마음은 알지만 이번만은 마음을 접거라!"

아버지의 서릿발 같은 호통에 안중근은 눈물이 나려 했지만 꾹 참았다. 하지만 이미 그의 마음에는 폭도들을 처치하겠다는 다짐이 굳어 있었다. 아버지의 단호한 명령에도 불구하고 안중근은 그날 밤, 친구 몇 명을 모았다.

"어르신들은 우리가 아직 너무 어려 전쟁에 나가기 어렵다고 보고 계신다. 하지만 우리도 지금까지 그저 집에만 있지는 않았어. 무예 연습이라면 누구보다 열심히 해 왔잖아?"

"그래, 중근. 알고 있어. 하지만 어쩌겠나? 어르신들께서 안 된다고 하시는데……. 정말 나가고 싶지만 방법이 없다."

"그 말 진심인가? 전쟁에 나가고 싶은 마음?"

"그래, 진심이야. 우리나라를 위해 싸우고 싶다."

"그러면 한 가지 방법이 있어. 아까 폭도들의 위치를 몰래 알아보러 간 사람에게 들은 소식인데 현재 그놈들이 청계산 주변에 거의 도착해 왔다고 한다. 하지만 주변을 방어하지도 않고, 흩어져 잔다고 하니 이렇게 좋은 기회가 어디 있겠는가?"

"그렇군. 중근 네 말은 우리가 싸울 수 있다는 것을 어르신들께 보여 드리자는 이야기인 거지?"

"그래. 만약 우리가 싸워 승리한다면 어르신들께서도 분명 마음을 바꾸실 거라고 생각한다."

"좋은 생각이야. 우리들이 아직 어리다고 하지만 마음에는 오직 조선을 위한 충심이 가득하다. 지금까지 해 온 무예 연습이 헛되지 않았다는 것을 꼭 보여 드리자!"

"그래. 우리는 모두 싸움에 나가 죽을지언정 마을에 숨어 있지는 않겠다. 나가서 싸우자!"

동이 틀 무렵, 마을로 돌아온 그들에게는 적의 진지를 공격하고 얻은 병기가 한가득 들려 있었다. 말발굽 소리에 잠에서 깬 마을 사람들은 그 모습을 보고 깜짝 놀랐다. 어린 줄만 알았던 아이들이 적진에 들어가 폭도들을 처치하고 돌아온 사실이 믿기지 않았다. 이 놀라운 소식은 마을 사람들을 거쳐 금방 안태훈의 귀에 들어갔다.

집으로 돌아온 안중근은 아버지의 방 앞으로 가 무릎을 꿇었다. 싸움에는 이겼지만 아버지의 명은 어긴 것이니 분명 잘못이 있었다. 안태훈이 단정한 옷을 입고 아들에게 모습을 드러냈다. 그리고 어느 때보다 근엄한 목소리로 물었다.

"네 잘못이 무엇이냐?"

"아버지의 말씀을 어기고 싸움에 나간 것입니다."

"잘한 것은 있느냐?"

"싸움에 이기고 돌아왔지만 그것은 정말 작은 싸움이었습니다. 하지만 한 가지만 알아주십시오. 저는 아버지와 함께 반드시 전쟁에 나가고 싶습니다. 이러한 행동이 잘못된 것은 알지만 아버지께서 저의 마음을 알아주실 것을 믿고 행한 행동이었습니다."

안중근은 머리를 조아리고 가만히 아버지의 말씀을 기다렸다. 안태훈은 그런 아들을 가만히 내려다보았다. 아침에 안태훈을 찾아왔던 마을 사람이 한 얘기가 떠올랐다. 그는 안중근이 이끌고 돌아온 아이들이 한 명도 다치지 않았으며 빼앗은 병기는 쓸 만한 것들이라며 칭찬을 아끼지 않았다.

'아직까지 어리게만 봤는데 그게 아니었구나. 훌륭하게 자랐어.'

아들의 남다른 각오와 의지를 알게 된 안태훈은 조용히 말했다.

"중근아, 널 야단치지 않겠다. 그러나 싸움에 나가서 대장의 말을 무시하고 마음대로 행동한다면 절대 용서치 않을 것이다. 결전의 날은 내일이다. 준비하고 있거라."

안태훈은 그 말을 남기고 방으로 돌아갔다. 안중근의 눈에서 그제야 눈물이 떨어지기 시작했다.

"아버지, 저는 맹세합니다. 조선을 지키기 위해 이 한 목숨 바치겠습니다. 지금부터 저의 목숨은 조선의 것입니다."

평생을 나라를 위해 살다 나라를 위해 죽은 안중근의 험난한 노정이 시작되는 순간이었다.

동학 농민 운동

1894년에 전국적으로 일어난 동학 농민 운동은 '고부 농민 봉기'로부터 시작되었다. 전라도 고부에 군수로 있던 조병갑은 이런저런 구실을 만들어 농민들에게 과도한 세금을 거두고, 무고한 사람들에게 억지로 죄를 물어 감옥에 가두었다가 돈을 내면 풀어 주는 등 착취와 횡포를 일삼았다. 이에 견디다 못한 농민들은 동학 교도인 전봉준을 지도자로 삼아 들고일어났다. 이들은 관아를 공격하여 억울하게 옥에 갇힌 사람들을 풀어 주고, 관아의 곡식 창고를 열어 강제로 걷은 곡식들을 농민들에게 되돌려 주었다.

정부에서는 이 문제를 해결하기 위해 안핵사(민란을 수습하기 위해 파견하던 임시 벼슬) 이용태를 보냈으나, 이용태는 봉기의 원인을 제대로 조사하지 않고 농민과 동학 교도들을 마구 잡아들여 때리고 죽였다. 이에 전봉준이 동학 교단에 이 사

동학 농민군이 진압된 뒤 체포되어 끌려가는 전봉준

실을 알렸고, 대규모 농민군이 조직되어 관군에 맞섰다. 동학 농민군이 전라도 일대 여러 곳을 점령하자, 정부는 청나라에 군사를 요청하기에 이른다. 그러자 조선에 군사를 보낼 경우 함께 보내기로 한 텐진 조약의 내용에 따라 일본군도 조선 땅에 들이닥쳤다. 이렇게 청나라와 일본의 군대가 조선 땅에 머물게 하는 것은 조선을 침범할 기회를 주는 것이나 다름없었다. 동학 농민군과 정부는 서둘러 협상을 했고, 조세 제도의 개혁과 신분제 폐지 등에 합의한 뒤 동학 농민군은 스스로 물러났다.

그러나 청나라와 일본 군대는 자기 나라로 돌아가지 않았다. 일본은 조선에 친일 내각을 세우고 조선의 정치에 간섭하면서, 청나라와 조선을 두고 전쟁을 벌였다. 이를 보

다 못한 동학 농민군은 조선 땅에서 외세를 몰아내는 것을 목표로 다시 한번 봉기를 일으켰다. 봉기는 전주에서 처음 시작되었고, 각지에서 모인 동학 농민군 10만여 명은 공주의 우금치에서 일본군과 전투를 벌였다. 그러나 많은 수에도 불구하고 대포와 총으로 무장한 일본군을 당해 낼 수 없었던 동학 농민군은 크게 패배하고, 주도자인 전봉준이 체포되면서 동학 농민 운동은 막을 내린다.

　전투에서 살아남은 농민들은 이곳저곳으로 뿔뿔이 흩어졌지만, 동학 농민 운동의 정신만은 살아남았다. 농민군은 이후 의병에 가담하여 계속적으로 일본의 침략을 막기 위해 노력했다. 또한 이들이 제시했던 신분제 철폐, 과부의 재가 허용 등의 정책이 후에 정부에서 실시한 갑오개혁에 반영되기도 했다. 탐관오리의 횡포에서 살아남기 위한 백성들의 저항에서 시작된 동학 농민 운동은 외세의 침략을 막아 나라를 지키려는 민족 운동으로 발전하여 우리나라의 정치와 사회에 큰 영향을 끼친 사건이었다.

전라북도 정읍 전봉준 공원에 있는
동학 농민 운동 100주년 기념탑

2장
변화에 대한 열망

"그게 무슨 말이냐? 이제 와서 곡식들을 돌려 달라니 대체 누가 그런 말을 했다는 것이냐?"

"우리가 동학도들을 물리치고 얻은 곡식이 원래 **탁지부** 대신 어윤중과 **선혜청** 당상 민영준의 것이니 돌려 달라는 말도 안 되는 이야기를 정부에서 하고 있습니다."

안중근의 아버지 안태훈이 크게 화가 난 데에는 다 이유가 있었다. 안태훈은 조선 정부를 위해 동학도와 싸우고 난 뒤 곡식을 얻었고 그것으로 전쟁에서 고생한 군사들을 배불리 먹였다. 하지만 정부에서는 그것을 인정하지 않고, 이미 전쟁이 끝나고 1년이나 지난 뒤에 그 곡식을 다시 돌려 달라는 말을 하니 답답할 수밖에 없었다.

"난 이치에 맞지 않는 일은 절대 하지 않겠다. 이미 쓰고 없어진 것을 어떻게 되돌릴 수 있단 말인가?"

"아버지, 그러면 어찌 하십니까? 정부에서 한 말이니 곡식을 주지 않으면 그들이 아버지를 잡으러 올 것입니다."

안태훈은 아들의 걱정에 화를 거두며 말했다.

"중근아, 나는 잠시 청계동을 떠나 있어야겠구나."

"아버지, 그게 무슨 말씀이십니까?"

"정부의 도적 떼 같은 놈들이 나를 시기하고 질투하는데 방법이 있겠느냐? 몸을 피했다가 적당한 때를 봐서 돌아오겠다. 나는 이것을 물러남이라고 생각하지 않는다. 새로운 변화를 위한 시작이라고 생각한다. 듣자 하니 서양에서 온 새로운 학문이 우리 조선인들의 눈과 귀를 열어 준다는구나."

"그것이 대체 무엇이옵니까?"

"바로 천주학이라는 것이다. 비록 서양에서 들어온 것이기는 하나 그 사상과 뜻이 지금 조선 사람들이 본받을 만한 내용을 갖추고 있음에 틀림없다."

천주교가 조선 땅에 처음 들어왔을 때는 서양에서 들어온 새로운 학문의 하나로 받아들여졌다.

탁지부
정부의 재물을 총괄하여 담당하던 관청.

선혜청
광해군 때 특산물로 내던 공물을 쌀로 대신 납부하는 대동법이 실시되면서, 이를 관리하기 위해 설치된 관청.

"아버지, 천주학은 위험한 사상을 품고 있다고들 합니다. 그런 학문에 빠지면 아버지께서 더욱 위험해지는 것 아닙니까?"

"새로운 것을 두려워하면 사람은 앞으로 나아갈 수 없다. 그것이 무엇인지 알아야 비판도 할 수 있는 것 아니겠느냐? 어떤 사람들은 천주교가 세계를 바르게 볼 수 있도록 도와준다고 말하고 있다. 그것이 무엇인지 내 눈과 귀로 꼭 확인하고 싶구나."

안태훈의 두 눈에 또렷한 의지가 굳게 서려 있었다. 천주교는 '사람은 귀하고 천한 것을 가릴 것 없이 신 앞에서 누구나 동등하다', '신분에 관계없이 누구나 신앙을 가지면 천당에 갈 수 있다'라고 가르치며 당시 신분 제도로 차별을 받던 사람들에게 큰 희망을 주었다. 많은 백성들이 천주교에 귀의하였고, 언제나 새로운 것에 목말라 하고 있던 안태훈도 호기심을 갖게 되었다.

안태훈은 천주학이라는 새로운 학문이 조선 사람들의 생각을 바꿀 수 있을 거라는 희망을 품고 안악군에 있는 천주교 본당을 찾아갔다. 그리고 그곳에서 지내는 동안 천주교 신앙을 받아들이게 되었다.

안태훈이 고향으로 돌아오는 날, 청계동은 기쁨에 휩싸였다. 오랜 시간을 끌어 온 정부와의 문제가 여러 사람의 도움으로 잘 해결되었고, 안태훈 자신도 늠름한 얼굴로 돌아왔다. 마을 사람들이 잘 돌아왔다는 말과 함께 축하의 인사를 건넸다. 안태훈은 일일이 인사를 받으며 감사의 표시로 자신이 가져온 책을 나누어 주었다.

"이 책은 천주학 경전입니다. 제가 숨어 지내는 동안 배운 서양의 학문입니다. 여러분이 이것을 같이 배우고 함께했으면 합니다."

"천주학은 정부에서도 금지하는 학문이 아닌가? 그런데 그것을 배우다니 정신이 있는 소린가?"

"아닙니다. 제가 배워 보니 지금까지 우리가 생각했던 여러 가지가 잘못되었다는 것을 느꼈습니다. 사람은 누구나 평등하고 죄 지은 사람은 죽은 뒤에 반드시 벌을 받게 된다는 내용으로, 틀린 것이 하나도 없습니다. 한 번이라도 읽어 주십시오."

안태훈의 열정은 실로 대단했다. 천주학을 전혀 모르고 있던 여러 사람들이 안태훈의 말을 듣고 함께 공부를 하기 시작했다. 안중근도 아버지를 따라 천주학 공부를 시작하였지만 그 내용을 있는 그대로 믿기는 어려웠다.

"아버지, 저는 아무래도 마음으로 천주학이 받아들여지지 않습니다. 어떻게 해야 합니까?"

"지금까지 배워 오던 것을 내려놓기는 무척 힘든 일이다. 하지만 사회는 변하는데 옛것만 고집한다면 그 시대를 절대 따라갈 수 없다."

안태훈은 명확한 어조로 안중근에게 말했다. 안중근은 자신이 깨닫지 못하고 있는 무언가를 아버지가 가지고 있다는 느낌을 받았다. 자신이 나이 든 아버지보다 시대를 따라가지 못하고 있는 것처럼 느껴졌다.

"천주를 아무런 고정관념 없이 받아들이는 것이 중요하다. 믿지 않는데 무엇이 받아들여지겠느냐? 믿는다면 그 길이 보이고 네가 실천해야 할 일이 떠오를 것이다."

안중근은 아버지의 말을 듣고, 그 가르침대로 천주학을 받아들이기 위

해 노력했다. 성서와 교리를 성실히 익히고 신부의 가르침을 잘 따랐다. 안중근도 막상 마음을 열고 받아들이려 하자 천주교에서 중요하게 여기는 평등, 자유, 평화와 같은 가치가 삶에서 중요하다는 것을 깨달을 수 있었다.

"중근아, 너의 신심을 보니 이제 너도 **세례**를 받을 때가 된 것 같구나."

"아버지, 저는 아직 많이 부족한데 세례를 받아도 될지 걱정이 됩니다."

"아니다. 세례라는 것은 일종의 의식으로 그다음이 더 중요하단다. 그 의식 후에 진정으로 천주의 가르침대로 살기를 바란다."

안중근은 프랑스에서 온 빌렘 신부에게 세례를 받고 세례명을 도마(多默, Thomas)라 하였다. 안중근은 천주학을 계속 공부하면서 그 학문에서 말하는 평등과 평화에 대하여 깊이 깨달았다. 그리고 그것이 조선을 위해 필요한 것임을 마음속으로 느꼈다. 안중근은 이때부터 천주교에 담겨 있는 교리에 따라 살리라 굳게 다짐했다.

천주교의 교리를 열심히 공부하고 빌렘 신부에게 서양 역사나 국제 정세에 대한 교육을 받으면서, 안중근의 머릿속에 한 가지 생각이 떠올랐다. 얻은 지식을 혼자만 간직할 것이 아니라 여러 사람이 함께 나눌 수 있다면, 천주교를 전파하는 데 큰 도움이 되고 조선을 위해서도 좋은 일이라는 사실을 깨달은 것이다. 천주교를 믿고 나서 변화에 대한 두려움이 없어지자,

세례
모든 죄악을 씻는다는 의미로 베푸는 기독교 의식. 죄를 용서받고 신앙 조직의 일원이 됐다는 표시이다.

다른 조선인들에게도 새로운 지식을 전하고 싶어졌다.

"홍 신부님(빌렘 신부의 한국식 이름은 '홍석구'였다), 제가 생각해 보니 이렇게 좋은 학문을 저만 배워서는 아무 소용이 없을 것 같습니다. 변화에 대한 두려움을 없애고 조선이 앞으로 나아가려면 많은 사람이 교육을 받아야 합니다."

"중근의 생각도 그러한가? 나도 그렇게 생각한다네. 학식이 있는 **사제**들을 모셔 와 학교를 세우고, 제자들을 기른다면, 그들이 분명 몇십 년 안에 이 나라에 천주교의 꽃을 피울 수 있을 것이네."

"홍 신부님께서 그렇게 말씀해 주시다니 정말 감사합니다. 저의 생각도 그와 다르지 않습니다. 제가 서울 천주교 본당 민 주교(뮈텔 주교)님을 찾아가 직접 여쭤 보도록 하겠습니다."

홍 신부와 안중근은 새로운 학문을 더 많은 사람들에게 가르쳐 주고자 하는 데 마음을 같이했다. 홍 신부는 이것이 천주교의 전파에 큰 힘이 되리라 믿었고, 안중근은 조선이 외국의 침략에서 벗어나 굳건한 나라가 되는 데 도움을 줄 수 있을 거라고 생각했다.

안중근은 며칠 동안이나 서울을 향해서 걸었다. 깜깜한 밤이 되어서야 서울 천주교 본당에 도착한 안중근은 날이 밝으면 민 주교를 찾아가기로 하고, 신도들이 머무는 방의 문을 두드렸다. 그곳에는 천주교 전도 활동을 하다가 알게 된 사람들도 꽤 있었다. 안중근은 그중 한 사람과 반갑게 인사를 나누었다.

"중근이 아닌가? 청계동에서 이곳까지 온 거야? 고생했군. 그나저나 여기까지 무슨 일인가?"

"서양의 새로운 학문을 보다 많은 사람들에게 교육할 수 있도록 민 주교님께 부탁을 얻고자 이렇게 왔다네."

"음, 좋은 의견이군. 그런데 민 주교님께서 쉽게 허락하실지 모르겠네. 그래도 여기까지 왔으니 푹 쉬고, 내일 아침 일찍 찾아뵙도록 하게."

아리송하게 말하는 그의 태도에 안중근은 왠지 모를 불안감을 느꼈다. 밤이 깊어 다른 신도들은 새벽에 미사를 드리기 위해 일찌감치 곯아떨어져 버렸지만, 안중근은 좀처럼 잠을 이루지 못했다.

다음 날 새벽, 미사를 마친 안중근은 민 주교를 만났다. 천주교 전파에 큰 힘이 되고 있는 안중근이 모습을 보이자 민 주교는 얼굴에 기쁜 빛을 띠며 반갑게 맞았다. 안중근의 어깨를 두드리며 안부를 묻고 차를 한 잔 내주는 민 주교의 호의적인 태도에 안도하면서, 안중근은 몸을 꼿꼿이 세우고 바르게 앉아 명확한 목소리로 자신이 온 이유를 밝혔다. 그러나 가만히 앉아 듣고 있던 민 주교의 낯빛이 갑자기 변했다.

"그대는 하나는 알고 둘은 모르는군. 천주교를 믿으려면 학식이 제대로 갖추어져 있지 않은 편이 낫다네. 사람이 공부를 많이 하고 난 후에 높았던 신앙심에 의심을 품는 것을 나는 많이 보았지. 공부는 신앙의 독이라고 할 수 있네."

사제
천주교 성직자를 이르는 말.

"그게 무슨 말씀이십니까? 그렇다면 신부님께서 계신 나라도 바보가 많기 때문에 천주교를 믿는 사람이 많다는 것입니까? 민 주교님도 학문을 많이 공부하신 것으로 알고 있습니다. 주교님께서도 천주에 대한 믿음에 문제가 많으십니까?"

"그런 게 아닐세. 당장은 자네가 모르는 것들이 많이 있어. 하여튼 절대 안 되니 그런 마음일랑 접게!"

민 주교는 당황하여 제대로 된 답변도 하지 않고 막무가내로 안중근의 입을 막아 버렸다. 안중근은 천주교라는 종교에 대해서는 실망하지 않았지만 그것을 믿는 사람들의 마음이 저토록 좁을 수 있다는 것에 크게 낙담하였다.

'천주교의 교리는 널리 사람을 사랑하고, 아끼고, 그들 하나하나의 가치를 인정하는 것임에도 불구하고 그것을 믿는 사람은 천주교의 가장 중요한 가치를 쉽게 저버리는구나!'

안중근에게는 우리나라에 천주교를 전파하러 온 외국인이 조선 사람을 깔보고 있다는 생각이 뼛속 깊이 스며들었다. 그러자 그동안 홍 신부의 도움을 받으며 배웠던 프랑스 어가 아무 소용없게 느껴졌다. 안중근은 자신이 프랑스 어를 공부하면 수준 높은 문화를 빠르게 배우게 되어 여러 조선 사람들에게 더 나은 것을 가르쳐 줄 수 있을 거라고 생각했다. 하지만 그 나라 사람이 천주교라는 종교의 진리조차 모른다는 생각이 들자 프랑스 어를 배우는 것이 가치 있게 느껴지지 않았다.

"나는 조선의 자랑스런 백성이다. 외국의 어떤 나라보다 훨씬 대단한 나라에 살고 있는 것이다. 일본어를 배우는 자는 일본의 종놈이, 영어를 배우는 자는 영국의 종놈이 되고 만다. 내가 만일 프랑스 어를 배운다면 프랑스의 종놈이 되고 말 것이니 더 이상 프랑스 어는 배우지 않겠다. 우리 조선이 세계에서 위력을 떨친다면 세계 사람들이 조선말을 사용하게 될 것이니 무슨 걱정이 있겠는가?"

안중근은 조선을 구하기 위해서는 변화를 두려워하는 마음을 바꾸어야 한다고 더욱 확신하게 되었다.

'나도 처음에는 천주학을 배우기 어려웠지만 그것을 통해 세상을 보는 눈이 새로워졌다. 분명 조선 백성들도 할 수 있을 것이다. 내가 두 명을 바꾸면 그 두 명은 네 명을 바꿀 수 있고 그 네 명은……. 이렇게 끊임없는 배움의 전파가 이루어짐으로써 조선은 더욱 강한 나라가 될 수 있을 것이다.'

3장
모든 백성에게 배움이 필요하다

안중근이 서울에서 일을 보고 있던 중, 고향집에서 아버지가 위독하니 속히 집으로 돌아오라는 전갈이 왔다. 안중근은 급히 짐을 꾸려 고향집으로 출발했다. 살을 에는 듯한 바람이 부는 추운 겨울 날씨에 안중근은 온몸을 꽁꽁 싸매고 걸음을 재촉했다.

그즈음 마차 한 대가 안중근이 가는 길에 모습을 드러냈다. 마차 위에서는 한 사내가 앞에서 말고삐를 잡고 있는 마부와 즐겁게 이야기를 나누고 있었다. 그러다가 그는 안중근을 유심히 쳐다보기 시작했다. 안중근은 온몸과 얼굴을 두꺼운 옷으로 감추고 있는 그가 누구인지 바로 알아볼 수 없었다.

"중근이 아닌가? 날세, 이웃 마을에 사는 이성룡!"

안중근은 그제야 친구를 알아보았다.

"아니! 자네가 웬일인가? 이 추위에 어딜 가는 길인가?"

"고향에 급한 일이 생겨 가고 있는 길일세. 자네도 고향에 가는 길이라면 서로 길동무나 하면서 같이 가세."

이 추위에 한 사람이라도 동행한다면 큰 도움이 될 거라 생각한 안중근은 마차에 올라탔다. 아버지에 대한 걱정으로 무거운 마음이었지만 친구와 함께 이야기를 나누니 마음이 한결 가벼워졌다. 또한, 마차를 끄는 마부도 이야기를 재미있게 하는 사람이어서, 걱정을 잊고 심심치 않게 갈 수 있었다. 이성룡과 나누는 어릴 적 추억 이야기와 간간이 거드는 배꼽 잡게 재밌는 마부의 입담이 어우러져 시간 가는 줄 몰랐다. 추위에 얼었던 몸도 조금씩 녹아 갔고, 이제 세 사람은 친구나 다름없는 편안한 사이가 되었다.

그렇게 서울을 떠난 지 며칠 뒤 안중근 일행은 황해도 연안읍에 도착하였다. 그런데 이곳 사람들의 몰골이 말이 아니었다. 눈이 푹 꺼지고 비쩍 마른 사람들 몇 명이 마차를 보고 달려와 도움을 청했다.

"나리, 저희를 불쌍히 여겨 먹을 것을 나눠 주십시오. 며칠째 아무것도 먹지 못했습니다."

"아니, 이게 어떻게 된 일인가? 이 마을에 무슨 일이 생긴 것인가?"

"벌써 여러 달 동안 비가 내리지 않고 있습니다. 그러니 제일 먼저 논과 밭에서 자라고 있는 작물들이 죽어 나가고, 산에 있는 식물들도 메말라 가니 더 이상 사람이 살 수 없습니다."

연안읍은 평야 지역으로 많은 논과 밭이 있었다. 하지만 여러 달 동안 비가 오지 않아 사람이 살 수 있는 환경이 아니었다.

"사람들이 무척 힘들었겠구먼. 우리도 흉년이 들면 산에서 온갖 것을 캐 먹고 살았는데, 겨울까지 왔으니……."

오는 길에 아버지의 상태가 많이 좋아졌다는 소식을 들었던 안중근은 이성룡과 의논하여 연안읍 사람들을 조금이라도 도와주고 가기로 했다.

그때 마부가 웃는 얼굴을 하며 한마디 거들었다.

"저는 비가 안 오는 이유를 알고 있습죠."

"가뭄에 이유가 있다고? 그런 소리는 또 처음 들어 보는군. 자네가 알고 있는 것이 있다면 빨리 말해 보게."

"저 위에 전깃줄이 보이십니까? 전봇대에 연결되어 하늘을 막고 있는 전깃줄 말입니다."

"그래, 보이고말고. 저 전깃줄이 가뭄과 무슨 상관인가?"

"허허허, 그것도 모르십니까? 전깃줄은 공중에 있는 전기를 모두 거두어들여서 전봇대에 가두지요. 하늘에 전기가 하나도 없으니 비가 올 리 있겠습니까?"

마부가 우쭐대며 이렇게 말하자 이성룡과 안중근은 크게 웃었다. 안중근이 말했다.

"하하하, 가뭄 때문에 많은 사람들이 힘들어하고 있는데 그렇게 농담을 하면 쓰나? 사람은 상황에 따라 웃고 즐기는 것을 멈출 줄도 알아야 하네."

하지만 이성룡의 생각은 달랐다.

"하하하! 중근이, 아닌 것 같네. 내가 생각하기에는 이 친구가 진심으로 그렇게 믿고 있는 것 같은데!"

"에이, 그런 터무니없는 말을 믿을 리가 있는가?"

마부는 가만히 두 사람의 얘기를 듣다가 자신의 말에 실수가 있었음을 깨달았다. 마부의 얼굴은 수치심에 빨갛게 달아올랐다. 어렸을 적부터 마부로 살아오며 무시를 당한 일이 한두 번이 아니었지만 연안읍까지 오는 길에 친구처럼 편하게 대해 온 안중근과 이성룡이 자신을 비웃는다는 생각이 들자 화가 치밀어 올랐다.

"이 마부는 서울에 오래도록 산 것으로 알고 있는데 그런 터무니없는 소리를 진심으로 할 리가 없지 않은가? 아무리 무식하다고 해도……."

마부는 안중근과 이성룡이 양반이라는 사실도 잊고 소리쳤다.

"내가 무슨 무식한 소리를 한다고 그러느냐? 네놈은 얼마나 잘났기에 그런 말을 함부로 내뱉는 것인가?"

흥분한 마부가 길길이 날뛰자 이성룡은 당황하여 입을 열지 못했고 안중근은 침착하게 전후 사정을 설명하려고 했다.

"전기라는 것은 공중에서 그냥 생기지 않는다네. 전깃줄은 전기의 이동 통로이지, 전기를 거두어들이는 것이 아니야."

이렇게 안중근이 말하는 순간, 마부는 말을 때리는 채찍으로 안중근의 머리를 두 번이나 세게 휘둘러 쳤다.

"시끄럽다! 누구는 배우지 않아서 모르는 것이 많은 줄 아느냐? 배울 수 없었던 것이다. 너희 같은 양반집 자제들은 알 턱이 없지!"

마부는 안중근에게 다시 한번 채찍을 휘둘렀다. 날카로운 채찍질에 안

중근의 옷이 찢어졌다. 마부는 분이 안 풀렸는지 고래고래 소리를 지르며 채찍을 더 세게 휘둘렀다.

"너희들이 우리의 괴로움을 알기나 하겠느냐? 배우고 싶다! 우리도 배우고 싶어! 그렇지만 너희들은 그럴 기회도 주지 않지 않았느냐!"

안중근의 머리에서 피가 흐르고, 옷은 갈가리 찢어졌다. 놀라서 얼이 빠져 있던 이성룡은 정신을 차리고 얼른 다가가 마부를 붙잡고 말렸다. 마부는 벌게진 눈으로 안중근을 노려봤다.

"어떠냐? 헉헉, 요놈아! 못 배운 놈에게 두들겨 맞으니 꼴 좋구나. 그런데 왜 그런 눈으로 나를 보느냐? 나에게 화를 내야 하지 않느냐? 헉헉."

안중근의 눈에서는 눈물이 흐르고 있었다. 그건 채찍이 아파서 흐르는 눈물이 아니었다. 마부의 마음이 이해가 됐기 때문이었다. 안중근은 줄곧 조선 사람들이 배울 수만 있다면 강한 나라를 세울 수 있다고 생각해 왔다. 마부는 조선 사람이다. 하지만 그는 배우고 싶은데도 배우지 못했다. 힘없고 가난한 조선은 새로운 배움을 쓸데없다고 생각했고, 배운다 해도 신분의 벽을 넘지 못하면 그 지식은 아무 소용이 없었다. 안중근은 그 현실을 눈앞에서 바라보며 눈물을 흘렸던 것이다.

안중근의 처참한 모습을 보고 깜짝 놀란 마을 사람들은 마부를 잡아다가 벌을 주자고 했다. 그러나 안중근은 이 일에 대해 신중하게 생각했다.

'마부가 나를 때린 것은 분명히 잘못이다. 하지만 무식하다는 말을 듣고 그의 기분이 어땠겠는가? 그가 못 배운 것은 그의 잘못이 아니다. 그는 배우고자 하는 열망이 있었지만, 조선은 그 열망을 채워 주지 못했다. 조선이

강대국에 치이지 않고 부강해지기 위해서는 배우고자 하는 백성들에게 교육받을 기회를 줘야 한다. 마부는 나와 같은 백성이요, 나와 같은 민족이다.'

마부와 같은 사람들을 가르치고 싶다는 열망이 안중근의 마음속에 불같이 일어났다. 안중근은 자신을 간호하고 있던 이성룡에게 조용히 말했다.

"성룡이, 그 마부를 그냥 돌려보내지."

"무슨 말인가? 자네가 이렇게 죽게 생겼는데 그를 가만히 두자니! 난 그를 용서할 수 없네."

"알고 있네. 하지만 나의 부탁일세. 폭력을 휘두른 것은 분명히 잘못이지만 그가 배우지 못한 것은 그의 잘못이 아니네. 그가 조금이라도 공부할 기회를 가졌다면 틀림없이 오늘 같은 일은 일어나지 않았을 거야. 부탁이니 그냥 미친 사람이라 생각하고 고향으로 돌려보내세."

이성룡은 안중근의 말을 이해할 수가 없었다. 하지만 친구의 간곡한 부탁에 따를 수밖에 없었다.

안중근은 마부의 실수가 그의 본성에서 나온 것이 아니라 백성들에 대한 조선의 교육이 제대로 이루어지지 않았기 때문이라고 생각했다. 누군가 그들을 가르치고 바람직한 방향으로 이끌어 준다면 조선은 변할 수 있을 것이다. 안중근은 다시 한번 교육에 대한 열망이 가슴속에 피어오르는 것을 느꼈다.

4장
아버지와의 약속을 지키다

"중근아, 정부에서 다시 천주교를 탄압하는구나."

"예, 아버지. 알고 있습니다. 천주교인을 **사칭**하며 다른 사람을 속이고, 피해를 주는 일이 많아졌기 때문이라 합니다."

"그렇다고 해서 천주교인을 아무나 막 잡아들이는 것은 문제가 있다. 백성들이 천주교를 믿는 것이 정부에 해가 된다고 생각하는 모양이야."

안태훈의 말이 맞았다. 정부는 이번 기회에 천주교를 소탕할 생각으로 천주교인이면 무조건 잡아들이기 시작한 것이다. 이때 정부에서 잡아들이려고 하는 요주의 인물이 바로 안태훈이었다. 동학군과의 전쟁 후에 챙겼던 곡식을 갖다 바치라는 정부의 요구를 무시했다는 이유가 컸다.

"아! 조선의 번영과 평화를 위해 싸웠지만 아무도 인정해 주지 않는구나."

"아버지, 저는 정부를 이해할 수 없습니다. 조선에 충성을 다했던 것이 후회가 됩니다."

"그런 말은 함부로 하면 안 된다. 우리가 충성을 바치는 대상은 정부의 고관들이 아니라 조선의 백성이다. 백성이 편안하고 걱정 없이 살도록 만드는 것, 이것이 우리의 진정한 목표인 것이다."

아들에게 말은 그렇게 했지만 안태훈은 속상함을 누를 길이 없었다. 자신의 비참한 처지와 정부 관리들의 악행을 통탄하며 매일 술을 먹기 시작했다. 시간이 흘러 정부의 천주교 탄압은 느슨해졌지만 안태훈이 먹는 술의 양은 전혀 줄지 않았다. 몸이 약해질 대로 약해진 안태훈은 황해도 지역의 용하다는 의원은 모두 찾아다니기 시작하였다.

그러다 안중근이 다른 곳에 일이 있어 한동안 집을 비운 사이, 안중근의 친구 이창순이 안태훈을 대신 모시고 청나라에서 온 서가라는 의원을 찾아가게 되었다. 그런데 그곳에서 일이 벌어졌다. 자세한 경위는 알 수 없으나, 서가가 안태훈의 가슴과 배를 발로 찬 것이다. 이 소식을 들은 안중근은 피가 거꾸로 솟는 기분이었다.

안중근은 아버지를 때린 이유를 듣고자 이창순과 함께 서가네 집을 찾아갔다. 그러나 서가는 오히려 화를 내며 옆에 있던 날카로운 칼을 집어 들어 위협하기까지 했다. 긴박한 상황에서 안중근은 몸을 피하며 서가의 얼

사칭
이름, 직업, 신분 등을 거짓으로 속여 이르는 일.

굴을 한 대 쳤고, 서가는 그대로 고꾸라졌다. 이렇게 힘도 없는 자가 자신보다 나이 들고 몸까지 아픈 안중근의 아버지를 때린 것이었다.

'한 대 맞고 쓰러질 녀석이 아버지를 우습게 보다니! 분명 아버지께서도 이 정도의 인간인 것을 알고 참으셨을 것이 뻔하다. 강자는 절대 약자를 건드리지 않는다. 약자는 약자에게 강하다.'

안중근은 서가를 건드린 것을 후회했다. 이 소식을 들은 안태훈도 안중근을 걱정했다.

"별것도 아닌 일을 크게 만들었구나. 서가는 속이 좁고 기개가 없어 반드시 보복해 올 것이다. 중근아, 사람이 큰일을 하기 위해서는 이런 작은 일엔 눈감을 줄도 알아야 한다. 이 아비는 그에게 아무런 악감정이 없다."

"예, 아버지. 저도 그 정도로 약한 인간인 줄은 몰랐습니다. 하지만 아버지를 때린 일은 용서할 수 없었습니다."

"중근아, 예전부터 아비는 너에게 화를 다스릴 줄 알아야 한다고 가르쳤다. 감정에 따라서만 행동하면 일을 크게 그르칠 수 있다. 언제나 자신이 지금 생각하고 있는 게 옳은지, 다른 방법은 없는지 꼼꼼히 고민하고 행동에 옮겨야 한다. 네가 서가를 방문하기 전에 먼저 나에게 와서 사정을 자세히 들었다면 이와 같은 실수는 하지 않을 수 있었다."

"아버지께서 맞으셨다는 말에 화가 치밀어 올라 앞뒤를 가리지 않고 행동했습니다. 서가를 찾아가기 전에 아버지를 먼저 뵀다면 분명 더 나은 결과가 있었을 것입니다. 죄송합니다, 아버지."

"아니다, 앞으로가 중요한 것이지. 서가에게 복수하겠다는 마음은 잊고

네가 해야 할 일에 더욱 집중하도록 해라."

그로부터 며칠이 지난 후, 이창순이 끔찍한 소식을 가져왔다. 자신의 집으로 순경 일고여덟 명이 쳐들어와 자기 아버지를 마구 때리고 갔다는 것이었다. 서가가 앙심을 품고 벌인 일이라 했다. 만약 이창순이 재빨리 총을 가지고 달려오지 않았더라면 그의 아버지는 아마 목숨을 잃었을지도 모른다.

안중근은 다시 분노가 치밀어 오르는 것을 느꼈다. 하지만 곧 아버지와 나눈 이야기를 떠올리며 마음을 다스리고 조금 더 생각했다. 서가에게 똑같은 방법으로 보복한다면 자신들도 서가와 다를 게 없는 사람이 된다.

"창순, 이런 일에 똑같은 방법으로 대응한다면 우리와 서가가 무엇이 다르겠는가? 자네의 아버지께서 당하신 일은 나 또한 분하고 괴롭네. 하지만 서두르지 말고 조금만 생각해 보세. 이 일을 어떻게 해결해야 서가의 버릇을 고칠 수 있을지 조금만 더 고민해 보세."

"중근, 나의 아버지께서 나 때문에 다치셨네. 난 그놈에게 꼭 벌을 내려야 하네. 도저히 참을 수가 없네."

"알고 있네. 그렇다면 이렇게 하는 것이 어떻겠는가? 그 서가 놈을 서울에 있는 재판부에 신고하지. 이 황해도 지역은 청나라 영사관이 꽉 잡고 있지만 서울의 재판부는 분명 공정하게 서가에게 벌을 내릴 것이네. 서가 놈이 벌을 받아 감옥에 갇히면 자네의 마음이 조금이라도 풀릴 것이네."

"그래. 이곳의 재판부는 썩었으니 서울로 가 해결해 달라고 하면 되겠군. 청나라의 권력이 덜 미칠 터이니 그래야겠네. 좋은 생각이야."

안중근은 이것이 아버지와의 약속을 지키고 친구의 분노를 조금이나마 풀 수 있는 방법이라고 생각했다. 하지만 시간이 흐르자 과연 자신이 현명했는지 의문이 들기 시작했다. 아버지라면 다른 방법을 생각했을 것 같았다.

'과연 이것이 최선인가? 서가는 보복하지 않고 재판부의 결정에 따라 순순히 벌을 받아 다시는 잘못을 저지르지 않을 것인가?'

온갖 생각이 머릿속에서 떠나질 않았다. 안중근이 이렇게 여러 날 밤잠을 설치고 있을 때, 이창순이 집으로 찾아왔다.

"중근이, 날세. 잘 지내고 있는가?"

"그래. 기별도 없이 웬일인가?"

"하하하! 내 분노가 벌써 다 풀린 듯하이. 지난번에 자네가 서울에 다녀온 후, 며칠이 안 지나 서가 놈이 우리 집에 찾아왔네."

"그래? 무슨 일로 왔다던가?"

"나를 보자마자 바로 무릎을 꿇더군. 자기가 잘못했다면서 재판만 면하게 해 달라지 뭔가? 제발 살려 달라고 울며불며 매달리더라니까!"

"그래? 잘됐구먼. 그래서 뭐라 말했는가?"

"뭐라기는. 당연히 처벌받을 테니 조용히 기다리고 있으라고 했지."

안중근의 가슴이 더 먹먹해졌다. 아버지는 넓고 큰 마음을 가지고 사람의 작은 일은 용서해 주라고 했다. 친구의 마음도 이해가 됐지만 서가와 같은 인물이 궁지에 몰린다면 또 어떤 일을 벌일지 모를 일이었다. 안중근은 이창순에게 진지하게 한마디 했다.

"창순, 자네가 겪은 일의 고통을 모르는 것은 아니네. 하지만 이번 한 번만 내 말을 들어주면 안 되겠나? 아버지께서는 서가에게 맞은 일을 벌써 잊으셨다고 하셨네. 우리가 서가와 같이 좁디좁은 마음을 가진다면 그와 무엇이 다르겠는가? 부탁이네. 이번 한 번만 서가를 용서해 주세. 나의 판단이 틀렸다고 말할지도 모르지만 나는 그것이 옳은 일인 것 같군."

이창순은 안중근을 멀뚱히 쳐다보았다. 그러고는 천천히 입을 열었다.

"사실 나도 서가가 그렇게 울며불며 사죄하는 것을 보고 마음이 껄끄러웠네. 자네의 말을 들으니 내 마음이 껄끄러웠던 이유를 알겠네. 그러세. 우리 아버지께서도 자신은 괜찮으니 서가를 용서해 주는 것이 어떻겠냐고 물으셨다네. 그래야지. 암, 그래야 하고말고!"

안중근의 마음속을 복잡하게 만들던 것들이 한꺼번에 사라졌다. 안태훈도 그 소식을 듣고 매우 흡족해했다.

이처럼 아버지의 뜻을 따르고자 했던 안중근이 훗날 늘 마음에 새기며 살아간 말이 있었다.

"중근아, 조국이 있어야 우리가 있다. 꼭 일본을 몰아내고 우리나라를 되찾자구나."

이 말이 안태훈의 입에서 나오기 얼마 전, 일본은 조선과 을사조약을 맺어 조선의 외교권을 강제로 빼앗았다. 그 소식을 들은 안태훈은 마음속에 울분이 쌓여 병이 더욱 심해지고 말았다.

"중근아, 우리나라는 지금 일본의 침략을 받고 있다. 지금까지 친한 체하며 나라를 빼앗을 기회만 노려 왔어!"

"알고 있습니다. 이 원통함을 어떻게 풀면 좋을지 모르겠습니다."

"내 마음도 같다. 만약 우리가 속히 계획을 세워 일본의 계략을 막지 않는다면 조선은 더 큰 피해를 입게 될 것이다."

"예, 이 이상 일본에게 끌려다니면 이 땅의 미래는 없을 것입니다."

"그렇다. 지난날, 동학도들이 나라를 어지럽힐 때 우리 부자는 나라를 살리기 위해 그들을 막는 데 온 힘을 다했다. 이제는 일본의 침략을 막는 것이 너와 나의 뜻이다."

안태훈과 안중근은 부자지간의 정을 넘어 뜨거운 동지애를 느꼈다.

나라 곳곳에서는 을사조약에 반대하며 항일 운동이 전개되고 있었다. 고종 임금도 적극적으로 외교 활동을 펼치며 우리나라의 독립을 위해 애썼지만, 일본의 방해로 실패하고 말았다. 이와 같은 상황에서 안중근 부자는 자신들이 할 수 있는 최선은 무엇인가를 심각하게 고민했다. 안태훈은 무엇보다도 '힘'이 필요하다고 말했다. 일본이 청나라와 러시아를 누르고 더욱 막강해진 힘으로 조선을 침략하고 있으니, 이에 맞서기 위해서는 스스로 일어날 수 있는 힘이 가장 필요하다는 생각이다. 군사를 모아 힘을 기르고 일제의 만행을 바로잡아 제대로 된 나라를 건설해야 한다.

안중근은 몸이 아픈 아버지를 대신하여 조선인이 많이 살고 있다는 청나라 산둥과 상하이에 건너가 군사를 일으킬 방안을 모색하기로 했다. 그 지역의 사정을 알아보고 뜻을 함께해 줄 이들을 모으는 중요한 역할을 맡은 것이다. 청나라로 떠나기 하루 전, 안중근은 아버지에게 술 한 잔을 받았다. 안태훈은 아들이 마음을 굳게 다지고 떠나길 바라면서, 어떤 일에도 흔들리지 말고 마음먹은 대로 길을 가라는 말을 몇 번이고 반복했다. 또한,

술에 대한 당부도 잊지 않았다. 술은 긴장을 풀어 주고 기분을 좋게 만들어 주지만 지나치면 건강을 잃게 된다며 자신의 경우를 교훈으로 삼으라고 했다. 모든 이야기를 끝낸 후, 안태훈은 아들의 얼굴을 들여다보았다.

"참 잘 컸구나."

안태훈은 이내 마음을 다잡고 말을 이었다.

"중근아, 조국이 있어야 우리가 있다. 꼭 일본을 몰아내고 우리나라를 되찾자구나."

비장한 그 말이 안중근의 가슴속에 영원히 남았다.

훗날 청나라에서 여러 가지 일을 마치고 조선에 돌아왔을 때, 안중근은 아버지가 이미 이 세상 사람이 아니라는 사실을 알게 되었다. 아버지의 임종을 지키지 못한 자신을 책망하며 안중근은 울고 또 울었다.

하지만 안중근은 나라를 되찾아 바로 세우기 위해 자신의 모든 것을 걸겠다고 아버지와 맹세한 것을 한순간도 잊지 않았다. 그러기 위해서는 자신부터 되찾아야 한다고 생각했다. 그 후 안중근은 술을 끊었다. 나라를 되찾는 날 거하게 마실 것을 약속하며, 즐기던 술을 단번에 끊어 버렸다.

'아버지, 걱정 마십시오. 아버지께 배운 가르침을 잊지 않고 있습니다. 아버지처럼 살겠습니다. 그렇게만 한다면 분명 우리 조선의 독립이 눈앞에 펼쳐질 것을 의심치 않습니다. 아버지 사랑합니다.'

을사조약과 이토 히로부미

1904년 조선을 둘러싸고 시작된 러시아와 일본의 전쟁은 1905년 일본의 승리로 막을 내렸다. 이와 함께 조선에 대한 일본의 영향력은 막강해졌고 고종 황제는 한낱 허수아비에 불과한 존재가 되고 말았다. 일본 정부가 파견한 이토 히로부미는 조선의 외교권을 일본이 빼앗는다는 내용의 조약문을 가져와 서명을 강요했다. 고종이 완강하게 거부하자, 이토 히로부미는 군사들을 앞세워 대한 제국 정부의 대신들을 위협했다. 위태로운 상황에서 조약 체결에 끝까지 반대하는 대신들도 있었으나, 앞장서서 찬성하는 이들도 있었다. 바로 훗날 '을사오적'이라 불리게 된 이완용, 이지용, 박제순, 권중현, 이근택이다. 이토 히로부미는 이 5명의 대신들을 따로 불러 조약을 맺기에 이른다. 이 조

이토 히로부미

약이 바로 을사조약이며, 이 조약을 통해 일본은 우리나라의 국권을 빼앗는 결정적인 발판을 마련했다. 을사오적은 그 뒤에도 일제가 우리나라를 차지하는 데 도움을 주며 일제의 보호 아래 부와 권력을 누리게 되었다.

이듬해에는 조선 통감부라는 감독 기관이 설치되면서 일제는 본격적으로 우리나라를 차지하기 위한 준비를 시작한다. 초대 조선 통감으로 부임한 이토 히로부미는 조선의 외교, 정치, 경제 등 모든 분야를 간섭하고 장악하기 시작했으며, 일본 헌병을 동원하여 일제에 항거하는 사람들을 탄압했다.

그러나 을사조약은 사실상 비합법적인 방식으로 맺어진, 국제적으로 인정받을 수 없는 조약이었다. 군사를 동원하여 협박을 통해 강제로 맺어졌을 뿐 아니라, 두 나라의 최

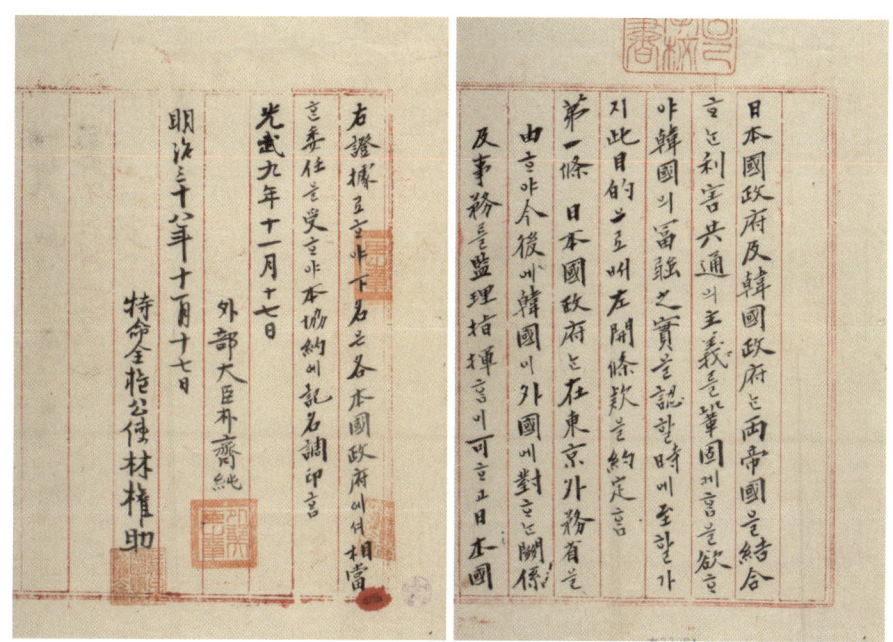

을사조약 원본

고 통치자인 고종 황제와 일본 왕의 날인이 없이 대한 제국 외부대신과 일본 공사의 도장만 찍혀 있다. 또한 조약문의 명칭도 따로 없어 을사년에 맺은 조약이라는 의미로 '을사조약'이라고 부른다.

　이러한 을사조약이 강제 체결되자 전국적으로 일제에 저항하는 강한 움직임이 일어났다. 고종은 미국에 도움을 요청하기도 하고, 1907년에는 네덜란드 헤이그에서 열린 만국 평화 회의에 특사들을 보내 을사조약이 무효라는 사실을 국제 사회에 알리려 했으나, 모두 일제의 방해로 실패하고 말았다. 심지어 헤이그 특사 파견을 계기로 고종은 일제의 협박에 의해 황제 자리에서 물러나게 된다.

5장
안으로부터의 발돋움

　아버지와 조선 독립에 대한 의논을 한 후, 안중근은 청나라 땅을 밟았다. 안중근의 눈에 상하이는 무척 새로운 도시였다. 조선에 없던 여러 가지 새로운 문물이 거리마다 넘쳐 났고, 모든 것이 빠르고 바쁘게만 보였다. 이러한 분위기 가운데 안중근도 서둘러 움직였다. 마음속에는 오로지 조선에 대한 걱정뿐이었다. 한 사람이라도 자신을 도와 조선을 위해 싸워 줄 사람을 찾아야 했다. 싸우기 위해 가장 필요한 것은 돈이었다. 군사를 모아 제대로 먹이고 훈련시키면서 군대를 이끌기 위해서는 무엇보다도 돈이 필요했던 것이다. 안중근은 상하이 곳곳을 수소문하기 시작했다.

　하지만 상하이에 있는 조선 사람들은 을사조약에 아무런 관심이 없었다. 누구에게 이야기를 해 봐도 그게 무슨 일인지 잘 알지 못했고, 관심도 없다는 듯 화제를 돌렸다. 이곳은 조선과는 완전히 다른 세계였던 것이다. 그들에게는 당장 눈앞에 닥친 하루하루의 삶이 가장 큰 관심사였고, 하루 끼니를 거르지 않는 것이 무엇보다 중요한 일이었다.

안중근은 청나라에 있는 한민족이 조국의 어려움을 몰라주는 것에 대해 좌절감이 몰려왔지만 조선을 도와줄 사람을 찾고야 만다는 마음을 잃지 않았다. 그러던 어느 날, 한 가지 좋은 소식이 들려왔다. **명성 황후**의 친척으로 유명했던 민영익이 상하이에 살고 있다는 것이었다. 민영익은 같은 조선 사람일 뿐 아니라, 1895년 명성 황후가 일본 자객들에게 무참히 살해당한 을미사변을 겪었기에 일본에 대해 안중근과 같은 분노를 가지고 있을 거라 생각했다. 마치 대궐같이 으리으리한 집 앞에서 자못 위압감을 느끼며 안중근은 민영익의 집 대문을 두드렸다.

"이리 오너라."

"누구십니까?"

"조선에서 온 안중근이라 하오. 민영익 대감과 함께 조선의 상황에 대하여 긴히 할 말이 있소."

명성 황후
조선 26대 왕 고종의 비. 흥선 대원군이 물러나고 고종이 정권을 잡아 개화 정책을 추진하게 게 되는 데 주요한 역할을 하였다. 대외 정책에 대한 판단이 빨랐으며, 조선에 대한 일본의 간섭이 점점 심해지자 이에 맞서 러시아를 끌어들이는 정책을 펴던 중 1895년 일본의 계략으로 시해되었다. 1897년 대한 제국 수립이 선포되고 고종이 황제에 오르면서 '명성 황후'라는 칭호가 내려졌다.

"대감은 더 이상 조선 사람을 만나지 않으십니다. 어서 돌아가십시오."

안중근은 순간 자신이 잘못 들은 것이라고 생각했다.

'조선 사람을 더 이상 만나지 않는다고? 그런 말이 대체 어디 있는가? 조선 사람이 조선 사람을 더 이상 만나지 않는다니 이 무슨 해괴망측한 소리인가? 민영익 대감의 주변 사람 모두가 조선 사람이다. 지금 이 댁 하인이 무엇인가 잘못 알고 하는 소리가 틀림없다.'

안중근은 다시 한번 문을 두드렸다.

"무슨 소리요? 조선 사람을 안 만난다니! 혹시 민영익 대감에게 무슨 일이라도 생긴 것이오?"

"그런 일 없소! 민영익 대감과 연분도 없이 무작정 만나러 온 것을 보면 뻔한 것 아니겠소. 독립운동이니, 돈이 필요하다느니 이런 소리나 지껄일 것 아니오?"

"그렇다면 도와야 마땅하지 않소? 민영익 대감은 조선 사람들을 못 본 척한단 말이오?"

"와서 도와 달란 사람만 수천이오! 그 많은 사람을 어찌 다 받을 수 있겠소? 돌아가시오!"

실망스런 말만 듣고 안중근은 그냥 돌아설 수 없었다. 조선의 독립을 위해서는 다른 나라 사람이 아닌 조선 사람의 도움이 절실했다. 특히 민영익이라는 인물이 나라의 독립을 위해 싸워 준다면 독립운동을 하는 사람들에게 큰 힘과 용기가 될 수 있을 것이었다.

안중근은 민영익의 집을 두세 차례 더 찾아가서 민영익을 한 번만 보게 해 달라고 하인에게 애걸복걸하기까지 했다. 민영익에게 독립에 대한 믿음을 줄 수만 있다면 수치스러움은 한순간일 뿐이었다. 하인도 안중근의 마음을 알아보고 안타까운 눈빛을 보냈다. 자신의 주인은 독립에 대한 꿈을 접었고, 이미 조선에서 많은 상처를 받았기 때문에 상하이에서 조용히 살고 싶다는 말만 한다면서, 하인은 이렇게 부탁했다.

"더 이상 이 댁에 당신이 찾아온다면 제가 이 집에서 쫓겨날 것 같습니다. 그러니 제발 물러가 주십시오. 부탁드립니다."

이런 말로 안중근에게 계속 부탁을 하니 안중근의 마음은 착잡하기 그지없었다.

'아, 이럴 수가! 민영익은 독립에 대한 열망이 없구나. 자신의 힘이 얼마나 큰지도 모르고 편안하게 살려고만 하는구나. 조선이 없으면 자신도 없다는 그 단순한 사실을 모르고 있다. 자신의 개인적인 아픔과 나라의 위기를 구별하지 못하다니, 이 얼마나 어리석은 일인가?'

"민영익! 당신은 조선 사람으로 태어나 조선 사람을 안 만난다니 이제 어느 나라 사람이라 할 수 있는가? 당신의 친척인 국모께서 일제의 계략에 당하여 돌아가셨는데 당신마저 이리 숨는다면 조선은 대체 누가 지킨다는 말인가? 이같이 어려운 때 조선의 신하로서 자신의 배만 불리고, 조국의 안위에 신경도 안 쓴다면 그처럼 부끄러운 일이 어디 있겠는가? 제발 정신 차리시오!"

안중근은 찢어지는 마음으로 이렇게 외쳤다. 그러나 민영익의 집 안에서 아무 반응도 없자, 안중근은 씁쓸하게 그 대문 앞을 떠났다. 안중근은 이

것이 민영익 본인만의 잘못은 아니라고 생각했다. 조선 민족에 대한 일본의 간악한 대처가 조국을 향한 민영익의 마음을 앗아가 버린 것이라고 안중근은 마음속으로 여러 번 되뇌었다. 그러니 같은 민족인 민영익을 미워할 수는 없었다. 안중근은 실망했다. 그러나 절망하지는 않았다. 민영익이 아니더라도 상하이에는 분명 도움을 줄 수 있는 누군가가 있을 거라고 생각했다.

안중근이 다음으로 찾은 사람은 조선에서 상하이로 넘어와 장사를 통해 성공한 서상근이란 사람이었다. 그가 청나라에서 벌어들인 엄청난 돈은 독립을 위해 크게 도움이 될 것 같았다. 서상근이 조선의 소식을 듣는다면 분명히 안중근과 함께 힘써 줄 거라고 확신했다.

서로 알아 갈수록 두 사람은 더욱 가까워졌고, 안중근은 서상근에 대한 믿음이 한층 더 커졌다. 서상근 또한 안중근을 무척 마음에 들어 했다. 안중근과 함께 장사를 한다면 분명 지금보다 더 성공할 것이라는 느낌이 왔다. 그러던 어느 날, 안중근은 드디어 서상근에게 자신의 뜻을 전달했다.

"내가 이곳 상하이로 온 것은 다른 중요한 이유가 있기 때문이오. 오늘은 그 뜻을 들어주면 정말 고맙겠소."

"허허, 그렇게 말하니 무슨 말을 할지 두려워지는구려. 대체 무슨 말이오? 중근에게 여러 가지 도움을 받았으니 내가 들어줄 수 있다면 뭐든지 하겠소."

"대단히 고맙구려. 사실 지금 조선의 형세는 서양 여러 나라들과 일본의 침략으로 인하여 위태롭기 짝이 없소. 그 사실을 알고 있소?"

"지금 조선을 떠나온 지 꽤 되어 그런 사실을 잘 모르고 있었소."

"그렇다면 꼭 알아 두시오. 지금 우리 조선이 외국의 침략을 받고 있소. 이것을 해결해야만 우리도 청나라에서 마음 편히 장사할 수 있을 것이오. 돈을 버는 것도 중요하지만 그것보다 더 중요한 것은 우리나라를 살리는 것이오. 꼭 부탁하고 싶소. 당신이 우리 조선의 독립을 위해 함께 힘을 합쳐 준다면 바랄 것이 없겠소."

안중근은 조국의 독립을 향한 자신의 뚜렷한 신념을 서상근에게 전달했다. 자신이 지금까지 봐 온 서상근이라면 분명히 자신과 같은 뜻일 거라고 생각했다. 그러나 서상근의 대답은 뜻밖이었다.

"날 보고 그런 소릴랑 하지 마시오. 내가 예전 조선에 있었을 때 관리에게 아무 이유 없이 몇십 원이나 뺏기고 이곳 청나라로 도망 왔소. 그때 나의 삶은 생각하기조차 싫소. 차라리 이곳에서의 삶이 훨씬 편하오. 나에게 조선 백성들의 어려운 삶은 아무 의미가 없소. 그 사람들이 나와 무슨 상관이 있길래 도와야 한단 말이오?"

"그렇지 않소! 당신은 조선 사람이오. 만일 나라가 없어진다면 이곳 청나라에서 그대를 제대로 대우할 것 같소? 백성으로서 자신의 의무를 행하지 않는다면 어찌 자유와 권리를 누릴 수 있단 말이오? 독립을 위해 노력하지 않는다면 우리의 앞날이야 뻔한 것 아니겠소."

"당신 말이 맞기는 하나, 나는 내 입 풀칠하기에도 바쁜 사람이오. 다시는 독립 얘기를 꺼내지 않았으면 하오!"

"제발 부탁이오. 그렇게 생각하지 말고……."

서상근을 믿었기에 더욱 깜짝 놀란 안중근은 당황한 표정으로 서상근을 설득했다. 그런 안중근을 보며 서상근은 못마땅한 표정으로 자리에서 일어섰다. 안중근의 마음을 들어줄 수 없는 것에 미안하기도 했지만 고집스럽게 자신을 설득하는 그에게 짜증스러운 마음이 더 컸다. 독립을 그토록 열망하는 안중근에게 이보다 더 큰 시련은 없었다. 같은 민족인 조선 사람들에게 자꾸만 야속한 마음이 들었다.

안중근은 나라 잃은 참담함을 절실히 느꼈다. 무엇 하나 해 보지도 못하고 좌절할 수밖에 없는 현실이 너무나 슬펐다. 큰 희망을 가지고 찾아온 이곳은 이제 더 이상 약속의 땅이 아니라 남의 나라 도시일 뿐이었다. 같은 민족을 만나도 말이 통하지 않는 이곳에서 안중근은 혼자였다.

안중근은 답답한 마음을 안은 채 걷고 걸어서 상하이에 있는 천주교당에 갔다. 교당에 들어가 조용히 기도를 드리고 나왔지만 답답함은 여전히 해결되지 않았다. 안중근은 가만히 천주교당 주위를 산책하며 울적한 마음을 달랬다. 그때 누군가 안중근의 앞을 지나갔다. 황해도에서 천주교 전도를 함께했던 프랑스 인 선교사 곽 신부였다.

"아니! 중근, 자네가 어떻게 여기에 있는가?"

"정말 반갑소. 사실 이번에 조선에 큰일이 있었소. 일본과 강제로 조약을 맺어 외교권을 빼앗기고 말았소. 그렇기에 우리 조선이 일제의 감시와 탄압 속에 어찌 될지 모르는 날들이 계속 지나고 있소. 조선인으로서 이 상황에 어찌 가만히 있을 수 있겠소. 조선의 독립을 위해 힘써 줄 사람을 찾고자 여기까지 온 것이오."

"그래서, 그런 사람을 찾았는가?"

"없소, 없소. 이 상하이 땅에는 그런 사람이 없소. 슬프게도 아무도 조선의 독립에 대해서 생각하지 않고 있소."

"그것이 무슨 말인가?"

"자신의 안위만 중요하지, 조국에 대해서는 아무도 관심이 없소. 심지어 자신이 조선인이라는 것까지 잊고 살고 있었소."

곽 신부는 안중근의 침통한 표정에 안쓰러운 마음이 들었다. 사실 종교인의 입장으로서 나라 간의 일에 대해 왈가왈부할 수는 없었다. 하지만 곽 신부는 안중근이 아직까지 깨닫지 못하고 있는 것이 무엇인지 명확하게 알고 있었다.

"중근, 나는 성직에 있는 사람으로 정치에는 전혀 관심이 없네. 하지만 자네의 모습을 보니 깨닫는 것이 하나 있다네. 나의 말이 옳은지에 대한 판단은 자네에게 맡기겠네."

"그것이 무엇이오? 꼭 듣고 싶소."

"사실 나도 조선의 일에 대해 조금은 알고 있었네. 내게 가장 인상 깊었던 일은 이토 히로부미가 일본에서 조선으로 건너온 일이었네. 이 일이 앞으로 조선의 독립에 가장 큰 걸림돌이 될 것이네."

"그게 무슨 말이오?"

"이토 히로부미가 조선으로 건너온 가장 큰 이유는 조선 사람들을 통제하기 위해서네. 조선 백성들을 통제하는 것, 그것이 바로 조선 내부를 쓰러뜨리는 가장 빠른 길이지. 나라라는 것은 하나의 생명 같아서 안에서부터 쑤시면 쉽게 썩기 마련이네. 그 썩은 곳이 점점 넓어지면 그 땅이 원래 조선 땅이었다는 것도 모르는 사람들이 많아지겠지. 그다음은 당연한 수순 아니겠는가? 그 땅의 사람들은 독립운동을 해야 한다는 생각조차 하지 않게 될 뿐 아니라 독립을 하려고 애쓰는 행동 자체가 자신들에게 피해만 끼치는 일이라고 생각하게 될 거야. 그것이 바로 정신의 패배인 것이지. 내부에서 아무것도 할 수 없다는 마음을 모든 백성이 갖게 하는 것!"

"그렇다면 어떻게 해야 하오? 나라 안에서는 일제의 감시가 워낙 심하여 의거를 일으키려 해도 일으킬 수가 없소."

"나의 조국 프랑스가 독일과 싸울 적에 독일의 공격이 두려워 두 지방을 비워 둔 적이 있다네. 하지만 그렇게 비워 둔 그 두 땅을 우리는 아직까지도 다시 되찾지 못하고 있어. 땅을 지키는 것은 그 땅에 살고 있는 사람 자신들이네. 만약 조선 백성들에게 독립하고자 하는 정신이 없다면 조선은 영원히 일본의 땅이 되고 말 것이네."

"프랑스도 우리와 같은 일을 당했었구려! 그렇다면 과연 어떻게 하는 것이 우리나라의 독립을 위해 필요하오? 그 해답을 말해 주시오."

중근은 눈을 반짝이며 곽 신부를 보았다. 상하이 땅에서 만난 가장 귀한 인연이었다. 곽 신부의 가르침이 앞으로 그를 인도할 것이었다.

"중근! 가장 중요한 것은 나라 안 사람들의 정신이 살아 있는 것이네. 그러기 위해서 무엇이 가장 필요하겠는가? 이토 히로부미가 자네의 조국 땅에서 가장 막으려 하고 있는 것이 무엇인가 생각해 보게. 그리고 그것을 깨부술 수 있는 사람이 되게. 내 생각에 자네가 조국에 가서 힘써야 할 일은 바로 이것이네. 첫째는 교육의 발달이요, 둘째는 사회의 확장이요, 셋째는 민심의 단합이요, 넷째는 실력의 양성이라네. 이 네 가지를 자네가 조선 땅에서 실현시킬 수 있다면 조선 민족의 정신을 어느 누구도 함부로 건드릴 수 없을 것이네."

안중근은 곽 신부에게 진심으로 감사를 표했다.

'만약 조선에 살고 있는 모든 사람들이 일치단결한다면 일제는 아무것도 하지 못한 채 조선에서 물러날 것이다. 조선으로 가서 내가 그 정신을 되살릴 것이다. 백성들의 마음속 깊은 곳에 살아 있는 독립에 대한 열망을 한 가닥이라도 잡아 그 심지에 불을 붙일 것이다. 한 가닥씩 타오르는 불꽃이 모여 조선을 독립으로 이끌어 줄 것이다.'

안중근은 마음을 굳게 다졌다.

'나는 반드시 그 일을 해내고야 말 것이다. 두고 봐라. 상하이에서 얻은 단 하나의 교훈이지만 조선의 독립을 위해 가장 필요한 일이다.'

안중근은 이 같은 마음과 함께 조선 땅 안에서 해야 할 일과 계획을 분명하게 세웠다. 그는 일본에 대한 분노를 교육에 쏟아붓기로 하고, 다시 조선으로 건너왔다.

을미사변과 아관 파천

1894년 벌어진 청일 전쟁에서 승리한 일본은 청나라에게 많은 배상금을 받고 요동 반도도 넘겨받게 되었다. 또한 청나라의 간섭을 받지 않고 조선에 영향력을 발휘할 수 있게 되었다. 그러나 일본의 세력이 넓어지는 것을 못마땅하게 여긴 러시아, 프랑스, 독일은 요동 반도를 청나라에 돌려주도록 일본에 압력을 넣는다. 고종의 왕비 명성 황후는 이를 지켜보며 러시아 세력을 등에 업고 일본 세력을 조선에서 몰아내기로 하고, 친러파 정치인들을 중심으로 내각을 구성한다. 일본의 마음은 다급해졌고, 친러 세력의 중심이었던 명성 황후를 눈엣가시처럼 여겼다. 그리고 미우라 고로를 조선의 공사로 파견하여 명성 황후를 제거할 기회를 노렸다.

〈명성 황후 영정〉

1895년 10월 8일 새벽, 미우라 고로가 지휘하는 일본 자객단이 경복궁으로 쳐들어가고, 명성 황후는 이들에게 무참히 살해당하고 만다. 이들은 한 나라의 왕비를 살해했을 뿐 아니라 증거를 없앤다며 시신을 불태우기까지 하였다. 이 사건이 을미사변이다.

일본은 고종을 협박하여 친러 내각을 몰아내고 친일 세력을 중심으로 내각을 다시 구성하여 멋대로 개혁을 추진했다. 이러한 개혁 정책은 대부분 우리 민족의 역사와 문화를 무시한 것들로, 특히 '단발령'을 통해 상투를 자르고 서양식으로 짧은 머리를 하도록 한 정책은 큰 반발을 불러일으켰다.

을미사변과 단발령으로 반일 감정이 거세진 가운데, 전국 각지에서 항일 의병이 일어났다. 이러한 혼란을 틈타 러시아는 고종에게 접근한다. 일본의 위협을 피해 러시아 공사관으로 거처를 옮기라는 제안을 한 것이다. 일본에 대한 분노와 두려움을 갖고 있던 고종은 그 제안을 받아들이고, 친일 내각을 해산시킨 후 다시 친러 내각을 구성한다. 이를 '아관 파천'이라고 하며, 고종은 약 1년간 러시아 공사관에 머무른다.

그러나 이 기간 동안 오히려 러시아에 의한 조선 침탈이 이루어진다. 러시아는 고종을 도와 조선이 자립할 수 있도록 도우려던 것이 아니라, 이 기회를 통해 조선의 정치에 관여하며 경제적 이권을 챙기려 했던 것이다. 러시아는 주요 사업과 자원을 러시아 인에게 몰아주고 조선 땅에서 여러 가지 이권을 챙겼다. 고종이 궁궐이 아닌 남의 나라 공사관에서 나라를 다스리는 동안 조선은 더욱더 약해져 가고 있었다.

옛 러시아 공사관

6장
교육으로 전해지는 독립 정신

　황해도 수양산의 한 자락, 아버지 무덤 앞에 안중근이 서 있었다. 풀벌레가 우는 산중턱에 자리 잡은 아버지는 아무 말씀이 없었지만, 안중근은 이곳에서 아버지의 뜻을 되새길 수 있었다.

　'아버지께서 그러셨다. 사회가 변하고 있는데, 변하지 않는 것을 고집한다면 그 시대를 절대 따라잡을 수 없다고. 아버지는 그 시대를 천주학으로 극복하려고 하셨다. 나는 조선을 위해 교육을 일으켜 세울 것이다. 현 시대에 맞는 교육으로 이 시대를 따라잡아 보이겠다.'

　우선, 안중근은 아내에게 교육에 대한 자신의 포부를 밝혔다.

　"아려, 나는 이제 이곳에서 교육 사업을 하려고 하오. 교육은 나라의 근본이며 백성들의 정신을 살릴 수 있는 중요한 사업이오."

"네, 알고 있어요. 당신이 하는 일이 잘되어 조선의 독립이 꼭 이루어졌으면 좋겠어요."

"고맙소. 하나 부탁할 것이 있소. 이 교육 사업에는 많은 돈이 들어갈 텐데, 그러면 우리 집안의 경제 사정도 어려워질 수 있소. 참고 견뎌 줄 수 있을까?"

"그럼요. 그런 점은 걱정 마세요. 우리 아이들이야 제가 먹여 살리면 되지요. 집안은 아무 걱정 마시고 조선의 독립을 위해 힘을 더 써 주세요."

아내는 확고한 눈빛으로 대답했다. 안중근은 아내에게 고마워하며 그녀를 따뜻하게 감싸 안았다.

이 일이 있고 나서 얼마 뒤, 안중근은 평안남도 진남포에 삼흥 학교를 설립하고 학생들의 교육을 위해 밤낮없이 노력했다. 안중근은 교사들이 조선의 현실에 대해 어떤 생각을 가지고 있는지 철저하게 검증하고, 학문에 대한 실력도 세세하게 살핀 뒤에 정식 교사로 임명했다. 또한, 아이들에게 학문을 가르쳐야 할 필요성을 느끼지 못하는 여러 부모들을 직접 찾아가 학교에 아이들을 꼭 보내라고 직접 설득했다. 그는 무엇보다도 학생들에게 조선이 겪고 있는 상황을 알리고 어떻게 해야 독립을 이룰 수 있는지에 대한 생각을 심어 주는 데 심혈을 기울였다. 안창호, 이준 등의 저명한 독립운동가들을 초청하여 강연회를 연 것도 이러한 생각과 맞물려 있었다.

이렇게 안중근이 눈코 뜰 새 없이 바쁘게 지내던 와중에, 진남포에서 천주교 포교 활동을 하고 있던 포리 신부가 찾아왔다.

"중근, 자네 상하이에 다녀왔다면서?"

"예, 그렇습니다. 어떻게 아셨습니까?"

"나도 얼마전에 다녀왔는데 곽 신부 말이 자네가 다녀갔다더군. 자네의 교육적 포부에 대해 칭찬을 많이 했다네."

"그랬군요. 저는 곽 신부님의 말씀을 통해 많은 것을 배웠습니다. 앞으로 조선의 교육에 힘을 쏟기 위해 노력할 것입니다."

"그래, 나도 자네가 그러리라 믿네. 자네가 교육에 대해 관심을 가지다니 조선을 위해서도 참으로 잘된 일일세."

"감사합니다. 그런데 어쩐 일로 여기까지 오셨습니까?"

"한 가지 부탁이 있어서 찾아왔네. 현재 진남포 천주교회에서 돈의 학교를 운영하고 있다네. 교회에서는 어떻게든 그 학교를 잘 살려 운영하고 싶은데, 현재 재정이 뒷받침되지 못하여 운영이 어렵다네. 자네의 교육적 열정을 살핀 여러 신부들이 말하길, 안중근 자네가 돈의 학교를 운영한다면 학교의 앞날을 기대할 수 있을 것 같다더군. 혹시 돈의 학교의 운영을 맡아 줄 수 없겠나?"

"교육에 관한 일이라면 제가 당연히 발 벗고 나서야지요. 하지만 워낙 큰일이다 보니 고민을 좀 하고 나서 답변을 드리겠습니다."

사실 안중근은 포리 신부에게 돈의 학교 운영을 맡겠다고 당장 이야기하고 싶었다. 하지만 삼흥 학교와 돈의 학교 두 곳을 운영하려면 안중근이 가지고 있는 돈으로는 충분치 않았다. 안중근은 고민을 하다가 아내에게 이 사실을 털어놓았다.

"아려, 나는 당신과 아이들이 밥도 못 먹을 수 있다는 생각에 마음이 아

파서 도저히 돈의 학교를 맡을 수 없소. 포리 신부님께는 죄송하지만 돈의 학교 인수를 포기해야겠다고 하는 게 좋겠소."

"저희 때문이라면 걱정 마세요. 밥 못 먹는 것으로 당신에게 부담이 되고 싶지는 않습니다. 나라가 있어야 우리도 있다고 생각해요. 당신은 나라를 먼저 생각하세요. 당신을 믿고 아이들을 돌볼 테니까요. 아이들도 당신을 믿고 있어요. 아이들이 당신에 대해 말할 때마다 가슴이 뜨거워지는 것을 느낄 수 있어요. 조선 독립을 바라신다면 그것만 바라보세요. 저는 진심으로 뜨겁게 조선의 독립을 바라고 있습니다. 그것을 이룰 수 있게 최선을 다해 주세요."

새로운 문화가 밀려 들어오고 있었지만 오랫동안 유교 문화에 젖어 있는 조선에서 여자가 바깥일에 나서는 것은 여전히 못마땅하게 여겨지고 있었다. 안중근의 아내 김아려는 자신이 나라의 독립을 위해 직접 실천할 수 있는 일이 없다면 남편이 충분히 활동할 수 있도록 조금이라도 희생해야 한다고 생각했다. 안중근은 그런 아내가 고마웠다. 자신이 생각한 바를 실천할 수 있도록 가정에서 믿어 주고 힘을 실어 주니 못 할 일이 아무것도 없을 것 같았다.

안중근은 포리 신부에게 돈의 학교를 맡겠다고 이야기했다. 돈의 학교의 2대 교장으로 취임하면서 안중근은 삼흥 학교와 돈의 학교 두 곳의 교장직을 모두 맡게 되었다. 몸이 두 개라도 바쁜 일정이었지만 안중근은 어느 한 곳도 소홀히 하지 않았다. 두 학교 모두 얼마 지나지 않아 명문 학교로 소문이 나 학생 수도 많아졌으며 학교 건물을 증축하고 교사도 충원하게 되었다. 1907년에 황해도, 평안남도, 평안북도의 50여 학교, 5000여 명의 학생들이 모인 연합 운동회에서는 돈의 학교가 1위를 차지하기도 했다. 조금씩이지만 교육의 성과가 눈에 보이게 되자 안중근의 기쁨은 이루 말할 수 없이 컸다.

'학생들에게 조선인으로서의 자부심을 갖게 하고 싶다. 우리는 어느 누구의 지배도 받지 않고 스스로의 힘으로 살아가고 나아갈 수 있는 민족이다. 이러한 정신을 가진다면, 조금 오랜 시간이 걸린다 하더라도 조선은 반드시 독립된 나라로 발돋움할 수 있을 것이다.'

그때 안중근의 눈에 들어온 것이 바로 전국적으로 벌어지고 있던 국채 보상 운동이었다. 조선이 일본에 빌려 쓴 돈을 국민들이 나서서 갚자는 이 운동에 너도나도 동참하고 있었다. 안중근은 이것이 조선인의 참모습이라고 생각했다. 자신만을 위해서가 아니라 나라를 위해서, 즉 나라가 살아야 자신도 살 수 있다는 진정한 마음에서 우러나오는 이러한 행동이야말로 학생들에게 보여 주어야 할 위대한 조선의 본모습이었다.

학생들에게 국채 보상 운동을 알리기 위해서는 안중근이 먼저 이 운동에 대해 자세히 알 필요가 있었다. 평양에서 국채 보상 운동 발기인 대회가 열린다는 소식을 들은 안중근은 그곳에 참석하기로 결정하고 짐을 꾸렸다.

"중근이 있는가?"

"아니, 김 영감님께서 웬일이십니까?"

"자네가 평양에서 열리는 국채 보상 운동 발기인 대회에 참석한다는 소식을 들었네. 이것은 내가 모은 얼마 안 되는 돈일세. 이것을 나 대신 그곳에 내 주었으면 해서 들렀네."

"아니, 이 귀한 돈을……. 알겠습니다, 어르신. 제가 이 돈을 잘 갖고 있다가 그곳에 도착해서 내도록 하겠습니다."

평양으로 떠나기 전, 많은 주민들과 학생들이 안중근을 찾아와 국채 보상 운동을 위한 작지만 큰 정성을 보태 주었다. 안중근은 나라 안 모든 사람들이 약간씩이나마 독립을 위한 불씨를 마음속에 가지고 있다고 생각했다. 교육과 마찬가지로 국채 보상 운동도 민족의 얼을 깨우는 데 큰 도움을 주고 있었다. 평양으로 향하는 안중근의 마음이 어찌나 행복한지 등에 진 짐의 무게도 느껴지지 않을 정도였다.

평양 국채 보상 운동 발기인 대회장 앞은 일본에 진 빚을 갚기 위해 다양한 계층이 모여 성금을 모으고 있었다. 황해도, 평안남도, 평안북도를 비롯한 각지에서 한달음에 달려온 사람들의 모습은 오랜 시간 먼 길을 걸어온 덕분에 꾀죄죄했다. 하지만 그들의 가슴과 어깨만은 나라를 위해 힘을 보탠다는 자부심으로 당당하게 펴져 있었다. '국채 보상 운동 하여 나라 빚 갚자!'라고 쓰인 현수막이 바람에 나부끼며 거리 안에서 엄청난 힘을 발휘하고 있었다.

대회장 안은 바깥보다 더욱 북적이고 있었다. 모금 장소를 안내하는 대회 관리자의 고래고래 외치는 목소리까지 뒤섞여 매우 소란스러웠다.

"삐이이이익! 삐이이이익!"

갑자기 시끄러운 호루라기 소리가 대회장 안을 일순간 얼어붙게 만들었다. 검은 제복을 입은 몇 사람이 찢어진 천을 들고 우르르 몰려왔다. 그들은 순식간에 대회장 맨 앞으로 향했다. 찢긴 천 사이로 '운동'이란 글자가 언뜻 보이자 사람들이 분노하여 그들을 향해 야유를 했다. 나타난 사람들은 일본 순사들이었다.

"이게 뭣들 하는 짓이냐! 당장 대회를 취소하라!"

일본 순사 중 한 명이 크게 외쳤다. 다른 순사들은 몽둥이로 대회장 안에 모인 사람들을 위협했다. 그러나 사람들은 절대 물러서지 않았다. 오히려 자신들의 몸으로 벽을 만들어 국채 보상 운동에 참여하고자 모인 다른 사람들을 보호하려고 했다. 안중근도 그중 한 사람이었다. 일본 순사는 다시 한번 외쳤다.

"나가라고! 다시 한번 말한다. 총을 꺼내기 전에 어서 물러나라!"

몇 사람이 움찔하며 뒤로 물러섰다. 그때 안중근이 한 발을 더 나아가 외쳤다.

"빚을 졌으니 그 빚을 갚기 위해 사람들이 모여 있을 뿐이다. 이 대회가 무슨 피해를 준다고 여기까지 순사가 왔는가? 일제에 진 빚을 갚고자 하니 오히려 기뻐해야 하지 않는가? 여기에 잘못을 저지른 사람이 한 사람이라도 있단 말인가?"

안중근의 외침에 군중들은 맞는 말이라며 한마디씩 거들었다. 순사는 기세등등해진 군중들을 향해 총을 뽑아 들었다. 하지만 군중들은 겁을 먹고 물러서기는커녕, 오히려 앞으로 한 걸음 더 내딛었다. 그러자 순사가 말했다.

"잘못한 사람이 있는 것은 아니다. 하지만 대회의 규모는 알아야겠다.

우리도 이 주변을 관리하려면 당연한 것 아니겠는가? 이 국채 보상 운동에 참여한 회원은 몇 명이며, 돈은 얼마나 걷을 것인가?"

"당연한 것을 왜 묻는가? 회원은 2000만 명이오, 돈은 1300만 원을 모두 거둔 다음 보상하려고 한다."

안중근은 당당하게 말했다. 2000만 명이라 하면 조선의 백성 모두를 말하는 것이고, 1300만 원은 일제에 진 빚 액수 전부였다. 순사는 이와 같은 말에 불끈하며 안중근에게 외쳤다.

"하찮은 조선 민족이 무엇을 얼마나 할 수 있다는 말이냐?"

"하하하! 그것은 두고 보면 될 것이다. 빚을 갚는다는 사람에게 질투를 느껴 성을 내다니, 대체 일본인들은 어떤 민족인가?"

안중근은 의연하게 받아쳤다. 순사는 분을 참지 못하고 부들부들 떨었다. 하지만 많은 사람들이 있는 대회장 안에서 총을 발사했다간 자신의 목숨이 위태로울 수 있다는 생각에 그 자리에서 꼼짝하지 못하고 있었다. 군중들이 순사를 향해 한 발 더 앞으로 나갔다. 순사가 다시 한번 외쳤다.

"네놈이 그런 말로 날 욕보이려 한다면 조선은 장차 강압적인 지배를 면하기 어려울 것이오, 더 큰 수치를 당할 것이다."

모든 사람들이 입만 살아 있는 순사를 비웃었다. 역정이 난 순사는 안중근에게 달려들었다. 군중들의 눈빛이 달라졌다. 그러자 다른 순사들이 달려드는 순사를 말렸다. 순사들은 군중들의 서늘한 눈빛에 두려움을 느꼈다. 이와 함께 안중근은 확신했다.

'우리 조선은 나아갈 수 있다. 조선이 이렇게 하나로 뭉친다면 독립은 더

이상 꿈이 아니다.'

 독립을 향한 간절한 마음은 나라 전체로 퍼져 있었다. 교육은 이러한 마음을 더욱 강하게 이어 줄 것이다. 안중근은 어서 학교로 돌아가, 지금 자신이 목격하고 있는 강한 조선의 정신을 학생들에게 전해 줄 생각에 가슴이 벅차올랐다.

국채 보상 운동

'지금 우리는 정신을 새롭게 하고 충의를 떨칠 때이니, 국채 천삼백만 원은 바로 우리 대한의 존망에 직결된 것입니다. 갚아 버리면 나라가 존재하고, 갚지 못하면 나라가 망하는 것은 필연적인 사실입니다. 지금 국고에서는 도저히 갚을 능력이 없으며 만일 나라가 갚지 못한다면 그때는 이미 삼천리강토는 내 나라 내 민족의 소유가 아닐 것입니다. 국토가 한번 없어진다면 다시는 찾을 길이 없을 뿐만 아니라, 일반 국민들은 의무라는 점에서 보더라도 이 국채를 모르겠다고는 할 수 없을 것입니다. 그런데 이를 갚을 길이 있으니 수고롭지 않고 손해 보지 않으며 재물을 모으는 방법이 있습니다. 이천만 인이 삼 개월 동안 담배를 끊고 그 대금으로 일인마다 이십 전씩 징수하면 천삼백만 원이 될 수 있습니다. 우리 이천만 동포 가운데 애국 사상을 가진 이는 기어이 이를 시행하여서 삼천리강토를 유지하게 되기를 간절히 바랍니다.'

— 〈대한매일신보〉 1907년 2월 21일자 내용

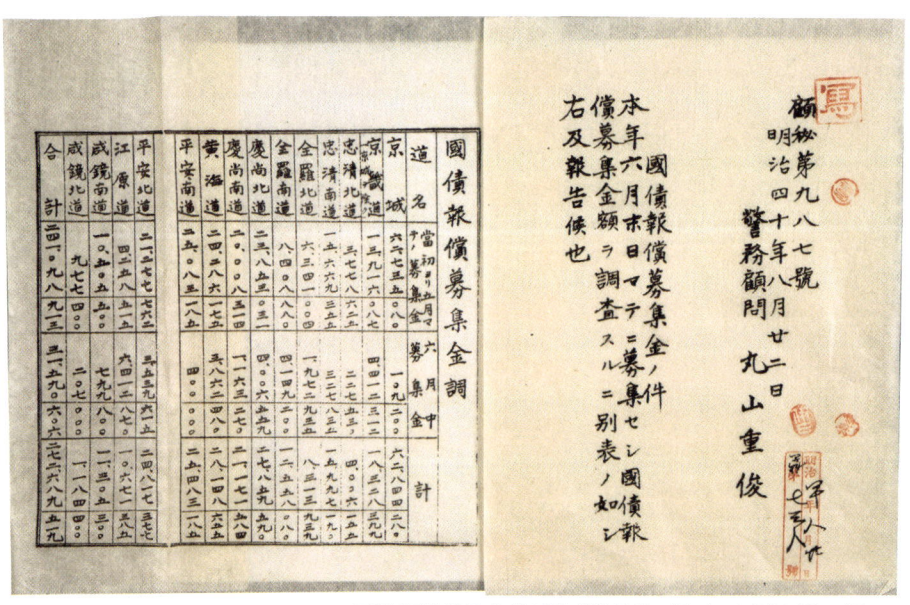

국채 보상 운동에 참여한 사람들의 이름과 모금액 등을 적은 표

일본은 우리나라를 근대화시킨다는 구실로 도로와 수도 같은 시설을 만들고, 은행, 학교, 병원 등을 세웠으며, 이 과정에서 발생한 비용은 고스란히 우리나라가 일본에 진 빚이 되었다. 사실 이러한 시설들은 일본에 들어와 있던 일본인들을 위해 만든 것으로, 결국 조선의 지배권을 강화하는 데 이용되었을 뿐이다. 이렇게 진 빚은 점점 불어나 약 1300만 원에 이르게 된다. 이는 당시 기준으로 볼 때 어마어마한 금액으로, 조선 정부는 그 돈을 갚을 능력이 전혀 없었다.

이에 국민들이 나서서 나라의 빚을 갚아 경제적으로 자립하자는 '국채 보상 운동'이 1907년 김광제, 서상돈 등을 중심으로 대구에서 시작되어 전국으로 퍼져 나갔다. 〈대한매일신보〉, 〈황성신문〉, 〈제국신문〉 등 언론 기관들도 이를 널리 알리는 기사를 실으며 국채 보상 운동을 지지했으며, 모든 계층의 국민들이 모금 운동에 참여했다. 사람들은 술과 담배를 끊으며 돈을 모았고, 돈 대신 반지나 비녀 등 값나가는 물건을 가져오기도 했다. 이리하여 3개월 만에 상당한 액수의 돈이 모였으나, 일본은 이를 반일 운동의 하나로 취급하여 친일 단체인 일진회를 통해 국채 보상 운동을 계속적으로 방해하였다. 그리고 이 운동을 앞장서서 지지한 〈대한매일신보〉의 사장인 영국인 베델을 나라 밖으로 쫓아내고, 주필 양기탁에게는 모금한 돈을 개인을 위해 썼다는 죄를 뒤집어씌우는 등 악랄한 방법을 통해 국채 보상 운동을 결국 실패로 돌아가게 하였다.

7장
꿈을 위해 몸소 실천하라

"이럴 수가 있단 말인가? 간 빼 먹고 등치는 놈들! 석탄 사업을 하라고 야단일 때는 언제고, 지금에 와서 사업을 망치려고 하다니."

"중근이, 우리가 잘못 생각한 듯하이. 일본 놈들이 도와줄 거라고 생각한 것이 처음부터 잘못이었네."

"아니, 난 처음부터 일본 놈들을 믿지 않았네. 하지만 이렇게까지 할 줄은 몰랐군. 우리가 파는 석탄에는 비싼 세금을 매겨서 팔고, 일본 사람에게는 세금을 한 푼도 매기지 않다니. 이런 파렴치한 짓으로 해를 끼치니 용서할 수가 없네."

"우리에겐 힘도 없는데 어떻게 바로잡을 수 있겠나?"

"내 입에는 풀칠만 하면 되네. 하지만 삼흥 학교와 돈의 학교 학생들은 달라. 교육을 하려면 돈이 필요하니. 이 상황을 어떻게 해서든 해결해야겠네. 만약 그럴 수 없다면 돈이 많은 지역 유지를 모셔서라도 학교를 계속 운영하도록 해야지."

일본은 탄광을 개발하면 큰돈을 벌 것처럼 선전하여 많은 조선 사람들이 탄광 사업에 뛰어들게 하였다. 그러고는 일본인이 운영하는 탄광에서 나온 석탄에는 세금을 매기지 않고 조선 사람이 파는 석탄에는 높은 세금을 매겼다. 세금을 많이 내야 하니 석탄값을 올릴 수밖에 없고, 자연히 사람들은 조선인이 파는 비싼 석탄보다는 일본인이 파는 싼 석탄을 샀다. 그리하여 석탄 장사가 망한 조선인들은 탄광 문을 닫게 되고, 일본인들이 그 탄광을 차지하게 되었다. 조선의 광업을 장악하려는 일제의 계략이었다. 돈이 필요해서 석탄 사업에 뛰어들었던 안중근도 그 시절 꽤 큰돈이었던 몇천 원을 손해 보게 되었다.

안중근은 학생들에게 최고의 교육을 받게 하고 싶었지만 자신의 잘못된 판단으로 그러지 못하게 된 것이 마음에 걸렸다.

'조금만 더 잘했더라면…… 아니, 아예 사업을 시작도 하지 말 것을……'

가슴속 깊이 후회가 밀려왔다. 안중근은 교육을 위한다는 의도로 사업을 시작했지만, 혹시 돈 버는 것만을 바랐던 것은 아니었는지, 자신을 돌아보았다.

"쾅쾅쾅!"

누군가 문을 두드리는 소리에 안중근은 얼른 뛰어가 문을 열었다. 그러자 한 노인이 집 안으로 들어서며 반갑게 외쳤다.

"중근아! 정말 오랜만이구나! 예전 동학군과 싸울 때는 어린아이 같더니 지금은 아주 어른이 다 됐어!"

"아니, 김 진사 어른 아니십니까! 어쩐 일이십니까?"

김 진사는 아버지의 친한 친구였다. 아버지의 부고를 듣고 가장 먼저 달려와 줬던 고마운 어른이었다. 또한 안중근에 대한 애틋한 마음으로 이런저런 조언을 해 주기도 했다.

"중근아, 나는 네 아버지와 두터운 친교를 맺고 있었다. 태훈이 죽고 느낀 안타까움은 아들인 너 못지않았다."

"예, 잘 알고 있습니다. 아버지께서 돌아가신 일이 저는 아직도 너무나 마음 아픕니다."

"그렇구나. 하지만 네가 아버지의 뜻을 아직까지 깨닫지 못하고 있는 것 같아 너를 찾아왔다."

안중근은 자신이 모르고 있다는 것이 무엇인지 궁금했다. 학생들의 교육에 최선을 다했지만 돈에 쫓기고 있는 지금, 자신이 독립운동을 위해 살고 있는지 돈을 위해서 사는지 혼란스러워하던 참이었다.

"중근아, 너의 아버지와 나는 조선을 위해 많은 시간을 함께 고민했다. 그리고 결론은 단 하나, 바로 '힘'이 필요하다는 것이었다. 힘이 있어야 독립도 가능하다. 군이 해산되면서 많은 의병대가 생기게 된 것을 너도 알고 있을 것이다. 이처럼 나라가 위태로울 때, 가만히 앉아 있는 것은 아무런 도움이 되지 못한다. 너의 기개를 펼칠 때가 된 것이다."

"저도 일본에 대항할 의병대의 세력이 강해졌다는 것은 익히 들어서 알고 있습니다. 혹시 의병대에 대한 정보를 갖고 계십니까?"

"조선 북쪽의 **간도**와 **연해주**에는 조선인들이 많이 살고 있다. 물자가 풍부하고 조선 가까이에 있어 의병 활동이 활발하다고 들었다. 그러므로 너와 같은 젊은이가 돕는다고 하면 의병대에서 크게 환영해 줄 것이다."

안중근은 김 진사의 말을 귀담아 들었다. 어릴 적부터 옛 장군들을 동경하여 무예를 닦았던 안중근은 나라의 독립을 위해 싸우는 장군이 되고 싶다는 생각을 늘 해 오고 있었다. 이제 삼흥 학교와 돈의 학교도 어느 정도 안정이 되었으니, 이제 자신의 몸을 바쳐 참여할 수 있는 독립운동을 하고 싶었다. 그 해답이 바로 의병으로 활동하는 것이었다.

안중근은 연해주에 가서 의병대에 합류하기로 결심했다. 그러자 아내에게 무척 미안한 마음이 들었다. 연해주는 굉장히 멀고 추운 곳으로, 아내와 자식들을 데리고 갈 수는 없었다. 정근과 공근, 두 아우들이 가족을 돌봐 준다 하더라도 어머니를 모시고 홀로 자식들을 키울 아내가 얼마나 힘들고 외

간도
중국 지린 성의 동남부 지역을 부르는 말로, 두만강 유역의 동간도와 압록강 유역의 서간도를 일컫는다. 고대에는 고구려와 발해의 영토였으며, 고려와 조선 초에는 여진족이 살았다. 구한말에 많은 사람들이 이주하여 정착하기 시작했고, 일제 강점기에는 항일 운동이 활발하게 일어났다.

연해주
러시아 영토로 두만강을 사이에 두고 북한과 국경이 접해 있는 지역이며, 중심 도시는 블라디보스토크이다. 일제 강점기에 많은 사람들이 이주해 가면서 항일 의병과 독립군의 주요 활동 기지가 되었다.

롭겠는가. 그리고 자신이 의병대에 들어가는 것을 위험하다며 말릴지도 모를 일이었다.

"아려, 나는 의병대에 합류하기 위해 곧 연해주로 떠나려 하오. 참으로 당신을 볼 낯이 없구려."

"이제 가면 언제 본답니까? 다시 돌아올 기약은 하실 수 있나요? 그 추운 곳에 혼자 가신다니 외롭고 힘들어서 어쩌십니까?"

"나는 아무 걱정 마시오. 하지만 당신과 아이들이 걱정이구려. 아우들이 있다고는 하지만 당신 혼자 얼마나 힘들겠소?"

"저는 걱정 마세요. 저는 오로지 당신의 안부가 걱정될 따름이에요. 이곳은 어머니와 우리 자식들, 또한 서방님 두 분이 계시니 걱정할 일은 없습니다. 한 가지만 물을게요. 이곳에 계시는 것보다 그곳으로 가는 것이 조선의 독립을 위해 더 도움이 되는 일인가요?"

"그렇소. 분명 그곳에는 독립을 위한 뜻을 함께해 줄 사람이 많을 거요. 그들과 함께한다면 조선의 독립에 더욱 힘을 쏟을 수 있을 것이오."

"당신이 그토록 확신한다면 믿고 보내 드리겠어요. 그 대신 살아서 돌아오세요. 저는 당신이 독립을 위해 힘쓸 수 있다면 기쁜 마음으로 받아들일 수 있어요. 하지만 당신이 목숨을 잃는다면 그것은 재앙일 뿐이에요. 함께 살아서 기쁘게 독립을 맞이하기로 해요."

"아려, 고맙소. 반드시 살아 돌아오겠소. 만약 죽는다면 당신 앞에서 눈을 감겠소."

안중근은 진남포에서의 생활을 정리하고 북쪽으로 향했다. 의병 활동은 지금까지 해 왔던 일 중에 가장 쉽지 않은 일일지 모르나, 오직 독립을 향한 의지가 그를 나아가게 했다.

두만강을 건너 도착한 연해주 블라디보스토크에는 정말로 러시아 사람보다 조선 사람이 더 많았다. 안중근은 블라디보스토크에 도착하자마자 가장 먼저 이범윤을 찾았다. 이범윤은 간도 관리사로 파견되어 간도 지역의 영토와 조선인 이주민들을 보호하는 일을 책임지던 사람으로, 청나라나 일본의 군대와 많은 전투를 겪은 **백전노장**이었다. 그는 지금 연해주로 **망명**해 와 있었다.

"각하, 지금 조선은 일제의 침략을 받아 비참한 지경에 처해 있습니다. 각하께서 **러일 전쟁** 당시에 러시아를 도와 일본을 치려 했던 것처럼 의병을 모아 행동에 나선다면 모든 백성이 일어나 조선의 독립을 이룰 수 있을 것입니다."

"요새 자네같이 전쟁을 권하는 친구들이 많이 있다네. 하지만 내가 생각한 것이 따로 있으니 때를 기다리도록 하게나."

"각하, 기다릴 시간이 없습니다. 일본의 힘은 나날이 커지고 있습니다. 지금을 놓치면 영원히 독립이 늦어질 수 있습니다. 나라가 아직 완전히 넘어가지 않았습니다. 이럴 때 일어서지 않으면 나라를 완전히 뺏기고 맙니다. 지금이 조선이 독립할 수 있는 마지막 기회입니다!"

"의병은 무슨 돈으로 먹고 잔단 말인가? 한 번이라도 패배하면 끝일세. 아무 말 말게. 가만히 있는 것도 하나의 전술이라네."

"각하! 이곳 간도와 연해주에는 큰돈을 모은 조선인들이 있습니다. 그중에는 자신의 재산이 민족을 위해 쓰이길 바라는 사람들이 있습니다. 만약 각하께서 의거를 일으키기로 결단하신다면 많은 사람들이 나서서 도울 것입니다."

"꼭 그런다고 확신할 수 없네. 나는 자네의 말을 믿지 못하겠네."

이범윤은 의병대 대장을 맡았던 것에 걸맞지 않게 머뭇거리며 결정을 내리지 못했다. 이범윤만 믿고 달려왔건만 그가 안중근을 믿지 못하니, 안중근은 마음이 답답했다.

'이대로는 안 된다. 이곳에서 의병을 일으킬 수 있도록 내가 직접 나서야 한다.'

안중근은 뜻을 같이하기로 한 친구들과 함께 블라디보스토크에 살고 있는 조선인들을 모았다. 독립을 위해 모든 조선인들이 하나가 되어야 한다

백전노장(百戰老將)
일백 백, 싸움 전, 늙을 노, 장수 장. 수많은 싸움을 치른 노련한 장수.

망명
정치적인 이유로 자기 나라에서 박해를 받는 것을 피하여 외국으로 몸을 옮김.

러일 전쟁
청일 전쟁에서 승리하고 나자, 일본은 조선을 침략하는 데 가장 큰 걸림돌인 러시아를 경계하게 되었다. 러시아 역시 을미사변과 아관 파천을 계기로 조선에 대한 영향력이 커지면서 한반도를 차지하기 위한 준비를 진행하고 있었다. 이에 일본은 1904년, 뤼순 항에 머물고 있던 일본 함대를 공격하여 전쟁을 일으켰다. 이 전쟁에서 일본이 러시아를 누르고 승리하면서, 본격적인 일제의 조선 침략이 시작되었다.

는 이야기만 전했는데도 정말 많은 사람들이 모여들었다. 이들 앞에서 연설을 하기 위해 안중근은 연단 위에 올라섰다. 과연 이 사람들을 설득하여 조선의 독립을 위해 마음을 모을 수 있을지, 긴장되는 마음을 다잡고 안중근은 또렷한 목소리로 연설을 시작했다.

"한 사람이 집을 나와 새로운 곳에 머물며 본가의 일을 잊고 살고 있습니다. 그는 스스로 일을 하고 새로운 가정을 꾸립니다. 하지만 어느 날 본가에 큰 화가 미쳤습니다. 부모, 형제가 빨리 돌아와서 도와 달라고 할 때, '그것이 나와 무슨 상관이냐? 나는 새로운 곳에 정착했고, 나의 부모와 형제들을 잊은 지 오래다.'라고 하는 사람이 어디 있겠습니까? 만약 그런 사람이 있다면 그의 친척들과 친구들은 그를 배척할 것이며 사람으로서의 도리를 저버린, 짐승과도 같은 사람이라고 생각할 것입니다.

동포여! 지금 조선이 바로 그와 같은 사정입니다. 여러분의 본가, 부모와 친척, 그리고 같은 민족이 살고 있는 조선이 일본의 이토 히로부미와 같은 간악한 자들에 의해 침략받고 있습니다. 일본은 처음 조선 땅에 들어왔을 때 이렇게 이야기하였습니다. '동양 평화를 유지하여 조선의 독립을 굳건히 한다.' 하지만 그 후에 상황이 어떻게 변하였습니까? 을사조약을 맺고 조선을 짓밟았으며, 황제를 폐위시키고 우리나라를 지킬 군대까지 해산시켜 버렸습니다. 그뿐입니까? 관청이나 민간에 있는 큰 건물들을 군용으로 사용한다는 핑계로 모조리 빼앗고, 우리 농민들이 애써 가꿔 온 기름진 논밭과 조상을 모신 산소에도 군용지라는 푯말을 세워 놓는 등, 이 땅을 자기들의 전쟁을 위해 멋대로 사용하고 있습니다. 우리 국민의 모든 것을 빼앗

고, 괴롭히는 정도가 나날이 심해지고 있습니다. 만약 우리 민족이 하나가 되지 않는다면 저 이토 히로부미와 같은 자들이 더욱 날뛰게 되어 조선은 결국 엎어지게 될 것입니다.

동포여! 동포여! 뿌리 없는 나무가 어디서 날 것이며, 나라 없는 백성이 어디서 살 것입니까? 어느 나라를 막론하고 나라 망한 민족은 참혹하게 죽고 학대받았습니다. 이 나라를 위해 여러분은 지금 무얼 하고 계십니까? 지금 가장 필요한 것이 무엇이라고 생각합니까?

동포여! 현재 우리에게 가장 필요한 일은 적을 치는 일뿐입니다. 밖에서는 일본 놈들이 간도와 이곳 연해주까지 노리고 들어오고 있습니다. 이곳의 군대가 패하면 이 안의 모든 사람을 죽일 것이며, 집집마다 불을 지를 것입니다. 하지만 한마음 한뜻으로 모두가 의병대를 조직하여 저항하고 진격해 나간다면 독립도 마냥 꿈같은 일은 아닐 것입니다. 남녀노소 할 것 없이 총을 메고 칼을 차고 대한의 독립을 위해 의거를 일으킵시다. 후세에 집도 못 지킨 사람들이라고 웃음거리가 되지 않도록 앞으로 나아갑시다.

동포여! 함께한다면 독립할 수 있다는 희망이 눈앞에 보입니다. 스스로 국권을 회복하기 위해 노력하는 것이 가장 중요한 일입니다. '하늘은 스스로 돕는 자를 돕는다.'라는 말이 있습니다. 민족 모두가 결심하고 각성하여 용기 있게 실천합시다."

안중근의 외침은 그곳에 모인 모든 조선인들에게 용기와 희망을 주었다. 그 소식을 들은 여러 사람들이 조금씩 안중근 주변으로 모여들기 시작했다. 집 안 깊숙이 아무도 모르게 숨겨 왔던 돈을 꺼내 갖고 와 의병 활동에 써 달라는 사람들이 하나둘 찾아왔다. 사람들은 진심으로 의병대를 응원했다.

안중근은 다시 한번 이범윤을 찾아갔다.

"각하, 저는 연설을 위해 혼자서 갔습니다. 그리고 저는 한 번의 연설을 했을 뿐입니다. 하지만 그 연설을 듣고 뭉친 사람은 수백이었습니다. 각하, 지금도 밖에서는 결의를 다지고 적극적으로 의병 활동에 참여하고자 하는 간절한 마음을 가진 동포들이 가득합니다."

"자네의 소식은 들었네. 그래, 돈은 얼마나 모았는가?"

"여러 지역을 순회하면서 모금한 돈은 약 4000원 정도 됩니다. 이 정도면 의병 활동을 하는 데 충분하다고 할 수 있습니다."

생각보다 훨씬 많은 액수의 돈이 모인 것에 놀란 이범윤은 결단을 내리고 의병대를 조직하기로 마음먹었다. 이때 모인 의병은 4000명이 넘고 총도 100정이 넘게 모였다고 하니, 안중근이 얼마나 노력했는지 알 수 있다. 꿈꾸는 자는 자신이 실천하지 않으면 아무것도 얻을 수 없다. 안중근은 의병대를 조직하여 조국의 독립을 위해 싸우고자 하는 꿈이 있었고, 의병대를 꾸리기 위해 몸소 발 벗고 뛰어다녔다.

1908년 봄, 총독 김두성, 대장 이범윤을 지도부로 하는 의병대가 두만강을 넘었다. 안중근은 참모 중장이란 직책으로 직접 전쟁에 나서게 되었고, 그에게 소속된 의병은 300여 명에 이르렀다.

구한말의 의병 활동

1894년 동학 농민 운동에 참여한 농민들 중에는 공주에서 벌어진 우금치 전투에서 일본에 크게 패하고 울분을 삼킨 사람들이 많이 있었다. 이들은 외국 세력의 침략에 대항하고, 신분의 차별을 타파하기 위해 그냥 물러설 수 없었다. 그러던 중 을미사변이 일어나 일본에 대한 감정이 악화되고, 이어 을미개혁을 통해 단발령이 내려지자 반일 감정은 전국적으로 폭발하게 된다.

단발령에 반발하여 일어난 시위는 전국 각지에서 의병 운동으로 전개됐고, 동학 농민 운동에 참여한 이들도 여기에 가담하게 되는데, 이를 을미의병이라고 한다. 을미의병은 유인석, 이소응 등 사대부와 유학자들이 이끌었으며, 지방의 주요 도시를 공략하여 친일 성향을 가진 관리와 일본인들을 처단하였다. 고종이 친러 내각을 세우고 단발령을 중지시키면서 의병 해산을 부탁하자 을미의병은 곧 해산한다.

그러다 1905년, 을사조약의 강제 체결로 또다시 의병이 일어난다. 을사의병은 을미

신분을 가리지 않고 나라를 위해 목숨을 걸고 싸운 항일 의병들

의병보다 더 적극적이고 난폭한 투쟁이었다. 더욱더 강력하게 무장을 하고 일본을 상대로 전쟁을 일으켜 승리하는 것만이 독립의 길이라고 판단했기 때문이다. 을사의병은 최익현과 같은 양반들이 이끄는 부대도 있었지만 신돌석과 같은 최초의 평민 의병장도 등장하여 계층에 관계없이 일본에 대항하는 데 하나가 되었다.

1907년, 일본은 고종을 강제로 퇴위시키고 군대를 해산시킨다. 이때 해산된 군인들이 항일 의병에 합류하면서 을사의병보다 더욱 조직적이고

1909년 일본의 대대적인 의병 토벌 작전으로 붙잡힌 호남의 의병장들

군사적인 모습을 갖춘 정미의병이 일어난다. 이인영, 허위, 홍범도와 같은 사람들이 이들을 이끌었으며, 특히 이인영은 전국의 의병 부대들이 연합한 13도 창의군의 총대장을 맡아 서울 진공 작전을 펼치기도 했다. 서울에 있는 일본군을 몰아내려 했던 이 작전은 안타깝게도 실행되지는 못했다.

그 뒤에도 의병은 전국 곳곳에서 끊임없이 일어났고, 일본은 1909년 최신 무기를 동원하여 의병 부대를 토벌하기에 이른다. 이로 인해 수많은 의병들이 목숨을 잃고, 1910년 국권이 일본에 넘어가자 국내에서 활동하기 어려워진 의병들은 근거지를 조선과 가까운 간도와 연해주 등지로 옮겨 항일 무장 투쟁을 이어 나갔다.

8장
서로 다른 것을 인정할 줄 아는 마음

의병대가 처음 모였을 때는 가지고 있는 예산도 적었고, 훈련할 수 있는 시간도 많지 않았다. 안중근은 자신이 이끄는 300여 명의 대원들이 전쟁에 대한 두려움을 느끼지 않도록 하는 데 가장 신경을 썼다. 부상의 아픔에 대한 두려움, 죽음에 대한 두려움, 사랑하는 사람들을 더 이상 볼 수 없을지도 모른다는 두려움 등, 전쟁에서는 모든 것이 다 두려운 법이다. 조금이라도 그 두려움을 줄이기 위해 고민했지만 쉽지 않았다.

함경북도의 탄광촌에서 일하다 온 어떤 소년은 일본인 주인의 착취를 견디지 못하고 도망 나와서 일제에 큰 복수심을 갖고 있었다. 반면 블라디보스토크에서 장사를 하다 안중근의 연설을 듣고 의병대에 지원한 또 다른 사람은 일제에 특별히 핍박을 받은 적은 없어 다른 사람들의 분노를 잘 이해하지 못했다. 또한 양반 출신 대원들도 있었다. 이들 중 많은 사람들은 평민들과 자신이 똑같이 대접받는 의병대 생활을 못마땅하게 생각하기도 했다. 이렇게 다양한 출신과 생각을 가진 사람들이 모인 의병대는 하루도 조용할 날이 없었다.

"네놈이 뭔데 나에게 반말을 하느냐? 여기가 조선 땅인 줄 아느냐?"

"천민 주제에 건방지구나! 나는 양반으로 지금까지 살아왔다. 네놈은 내게 수그리고 조아려야 할 판에 머리를 당당히 쳐들고 소리까지 지르다니!"

"**갑오개혁**으로 신분제가 사라진 지가 언제인데 네놈만 딴 세상에 살고 있구나. 너 같은 놈이 일본군과 맞서다니! 죽기 딱 좋을 것이다."

이렇게 말다툼을 하다 손찌검까지 일어나는 일이 다반사였다. 과연 이들이 같은 목적으로 모인 사람들이 맞나 싶을 정도였다. 안중근은 이런 갈등을 해결하기 위해 규율을 더욱 강조하고, 스스로는 군인으로서 지켜야 할 도리를 지키며 모범을 보였다. 군대의 계급에 따라 의병대를 운영하였으며 신분을 따지는 자를 용서치 않았다. 그리하여 갈등이 조금 수그러드는 듯했으나, 여전히 몇몇 대원의 마음속에는 증오의 소용돌이가 조금씩 깊어져 가고 있었다.

갑오개혁
1894년 7월부터 1895년 7월까지 조선 정부에서 추진한 개혁. 정치 및 경제 제도를 근대적으로 개혁하고, 신분제를 폐지하였으며, 너무 어린 나이에 결혼하는 것을 금하고 남편을 잃은 여자의 재혼을 허용하는 등 다양한 분야의 개혁이 이루어졌다. 그러나 일본의 간섭 아래 군사 및 토지에 대한 개혁은 거의 이루어지지 않았고 서양과 일본의 제도를 그대로 따른 것이 많아 제대로 시행되지 못했다.

두만강을 건넌 의병대는 국경 근처에서 만난 일본군을 몇 차례 물리치고, 승승장구하며 남쪽으로 내려갔다. 그러던 어느 날, 일본군 세 명이 포로로 잡혔다. 이들은 눈물이 그렁그렁한 얼굴로 안중근 앞에 끌려왔다.

"너희 일본은 처음 조선에 들어올 때 동양 평화를 지키고 조선의 독립을 굳건히 하겠다더니 이렇듯 총칼을 휘두르고 조선 백성들의 재산을 빼앗는 이유가 무엇이냐?"

"그것은 저희들의 본심이 아닙니다. 저희는 분명히 동양 평화를 위해 싸운다는 말을 듣고 조선으로 왔는데, 타국에 폐를 끼칠 줄 어떻게 알았겠습니까? 이것은 모두 이토 히로부미를 비롯한 윗사람들의 농간 때문입니다. 사람으로 태어나 다른 사람과 싸워 죽고 죽이는 것을 좋아하는 이가 누가 있겠습니까? 저희들도 옳고 그름을 판단하는 마음을 가지고 있습니다."

"음, 자네들의 얘기를 들으니 이해도 되는군. 하지만 자네들은 포로일세. 내가 자네들의 말을 어떻게 신뢰할 수 있겠는가?"

"저희들이 죽고 사는 것은 당신께 달려 있습니다. 만약 목숨만 살려 주신다면 이 은혜를 잊지 않고, 다시 돌아가 여러 사람들의 마음을 바꿔 놓겠습니다. 그리고 조선인들을 도우며 살아가도록 노력하겠습니다."

안중근이 볼 때 포로들은 자신들의 잘못을 충분히 알고 있는 것 같았다. 그들을 죽인다면 자신들도 일본의 군대와 다를 바 없다는 생각까지 들었다.

"내가 그대들의 말을 들으니 충성스럽고 의로운 사람들이라는 생각이 든다. 용서하는 마음으로 그대들을 놓아줄 것이니 돌아가거든 잘못을 뉘우치고, 이토 히로부미와 같은 일본의 썩은 관리들을 쓸어버리도록 하라. 만약 그대들이 나라 사이에 전쟁을 일으키고 자유와 평화를 침해하는 자들을 소탕해 줄 수 있다면 모두가 원하는 동양 평화를 이룰 수 있을 것이다."

풀어 준다는 말에 포로들의 얼굴에는 안도와 기쁨의 빛이 넘쳐 올랐다. 안중근도 그들을 풀어 준 것을 다행이라 여겼다. 사람이 서로 사랑하고 감싸줄 수 있다면 그 마음만으로도 평화는 반드시 찾아온다고 여겼던 것이다.

그러나 안중근의 이와 같은 결정에 반발하는 이들이 많았다.

"저 참모 중장이라는 녀석, 혹시 일본군과 한통속이 아닐까?"

"우리가 왜 의병대에 참가한 것인지 정말 알 수가 없군. 일본 놈들에게 우리 동료들이 죽은 것은 아무렇지도 않은가 봐."

"저런 샌님에게 대장을 맡기다니 조금 있으면 이 부대는 무너지겠구먼."

이와 같은 험악한 소리가 의병대 안에서 퍼져 나갔다. 안중근에게 찾아와 대놓고 불평하는 사람도 있었다.

"적들은 우리 군사를 포로로 잡으면 모조리 참혹하게 죽이고 있습니다. 일본군을 제압하기 위해 여러 사람이 모여 힘들게 싸우고 있건만, 애써 생포한 놈들을 몽땅 놓아주면 우리 부대의 사기는 어떻게 되겠습니까?"

"사람의 도리를 따른다면 사로잡은 포로들을 죽이는 것은 옳지 못한 일이다. 게다가 잘못을 뉘우치고 있는 사람을 어떻게 해칠 수 있단 말인가? 일본인이라면 무조건 죽여야 한다는 생각은 우리 민족의 독립에 오히려 해가 될 것이다. 그들은 자신의 잘못을 뉘우쳤으므로 반드시 훗날 도움이 될 것이니, 앞으로 여기에 대해서는 아무 소리 말거라!"

서릿발 같은 호령이었다. 안중근의 말을 전혀 인정할 수 없었던 이 사람은 그 길로 몇몇 부대원들을 이끌고 의병대에서 아예 뛰쳐나가 버렸다.

안중근은 앞으로가 걱정이었다. 가뜩이나 모자란 병사들이 본격적인 전쟁이 터지기도 전에 조금씩 분열되고 있었다. 식량과 물자도 점점 줄어 갔고, 날씨도 추워지고 있었다. 나라의 독립을 위해 싸우겠다던 의욕과 믿음도 점점 약해졌다. 그러던 어느 날 밤이었다.

"습격이다! 빨리 전열을 가다듬어라! 으악!"

지난번에 풀어 준 포로들 때문인지는 알 수 없으나, 일본군이 의병대의 위치를 알고 기습적으로 공격해 왔다. 잠을 자고 있던 의병대는 전열을 가다듬을 겨를도 없이 적의 공격에 속수무책으로 당하고 있었다.

"동지여! 빨리 일어나라! 내가 총을 쏠 테니 어서 도망쳐라!"

몇 명이 죽었는지도 알 수 없었다. 안중근은 우선 부하들을 살리기 위해 최선을 다하면서 동료들과 함께 총을 쏘며 전진했다. 금세 총알은 바닥났지만, 적의 총알은 계속해서 날아오고 있었다.

"우선 물러나야 합니다. 이대로는 개죽음입니다!"

안중근은 물러나고 싶지 않았지만 살기 위해서 도망칠 수밖에 없었다. 안중근과 몇 사람은 나무가 울창하게 우거진 산 쪽으로 몸을 피했다.

안중근은 살아남은 자신을 계속해서 책망했다. 곁에서 죽어 가던 부하들을 생각하니 눈물이 떨어졌다. 옆에서 같이 가던 사람들도 흐느꼈다. 흐느끼면서도 일본군에게 따라잡히지 않기 위해 발을 멈추지 못했다.

병사들이 이미 이곳저곳으로 흩어졌다. 일본군은 한 번의 공격으로 끝내지 않고 그 주위를 샅샅이 뒤져서 의병대 모두를 해치우려고 하였다. 몇

번의 공격을 더 받은 동료들은 안중근 곁에서 하나둘 사라졌다.

"뜻 모아 독립을 쟁취하려 했건만, 한순간에 꿈이 사라지는구나. 누구를 탓하고 누구를 원망할 것인가?"

안중근은 적의 습격 한 번으로 사라져 버린 의병대에 허탈한 마음을 금할 길이 없었다. 숲 속에 숨어 나뭇가지를 헤치며 앞으로 걸어 나가던 안중근은 자신과 같은 처지의 의병대 군사 세 명을 만날 수 있었다.

"나는 이미 싸울 마음을 잃었소. 여기서 더 싸워도 죽기는 마찬가지일 것이오. 살아남기는 틀렸으니 이 목숨 여기서 끊어 버리는 것이 어떻겠소?"

"아니오. 포로가 되면 어떻게든 목숨은 건질 수 있을 것이오. 차라리 일본군에 그냥 투항합시다."

안중근은 이런 대화를 듣고 있자니 이들이 진정 어제까지 목숨 걸고 함께 싸우자던 의병대인지 의심스러웠다.

"그대들은 뜻대로 하라. 나는 의무를 끝마친 뒤에 죽도록 하겠다. 나 혼자서라도 나라를 되찾기 위해 일본군과 치열하게 싸우다 죽겠다."

그러자 한 사람이 안중근을 붙들고 간곡히 말했다.

"중장님, 중장님! 지금까지 우리가 왜 이런 꼴을 당했습니까? 서로 각자 다른 생각을 인정하지 않고 하나가 되지 못했기 때문 아니겠습니까? 이 중 한 사람이라도 일본군에 투항하면 도망친 사람들의 위치를 일본군에 알려 주지 말라는 법이 어디에 있습니까? 민족의 의무를 저버리지 않으려면 여기에서 살아남아 다시 한번 독립을 위해 노력해야 합니다. 서로의 생각을 인정하고 하나로 뭉칩시다. 처음 의병대가 되었을 때의 마음으로 되돌아가

재정비하고 하늘에 간 동료들의 복수를 다짐합시다."

"내 탓이오. 하나로 뭉치지 않은 것은 내가 부족하기 때문이오. 그대의 말이 맞소. 왜 이리 어리석게 또다시 내 의견만 내세웠는지 모르겠소. 여기에서 살아남기 위해서는 모두 힘을 합쳐야 하오. 나는 어려서부터 사냥을 익혀 산을 지나는 것에 익숙하오. 배고픔과 싸우는 일이 가장 큰일이겠으나 넷이 한마음으로 버틴다면 반드시 살아남을 수 있을 것이오."

낮에는 태양의 열기, 밤에는 산속의 추위와 싸우며 이들은 걷고 또 걸었다. 추적당하지 않기 위해 길이 아닌 곳으로만 걷다 보니 돌바닥에 신발은 너덜너덜해지고 옷은 나뭇가지에 찢겨 맨살이 드러났다. 더덕이나 버섯으로 허기를 달래고 계곡물로 배를 채우면서, 반드시 살아남아 독립을 위해 일하겠다는 각오로 발을 디뎠다. 기진맥진하여 걸을 힘도 없었지만 네 사람이 함께 고생하고 있다는 생각이 안중근을 끝까지 살아남게 만들었다.

그들은 그렇게 걷다가 집 한 채를 발견하고 들어갔다. 그 집에 살고 있던 노인은 이들이 독립군인 것을 바로 알아채고, 말없이 밥 한 그릇을 내주었다. 밥을 먹고 있는 그들을 바라보던 노인이 조용하게 한마디 꺼냈다.

"나라가 위급한 때를 만났으니 한 사람이라도 독립을 위해 노력해야겠지요. 흥이 날 때가 있는가 하면 그것이 다하고 슬픔이 찾아온다오. 지금 조선은 힘든 일을 겪고 있으니 그것이 끝나면 반드시 기쁨이 찾아올 것이오. 우리 조선의 독립은 반드시 찾아올 것이오."

안중근은 그 말을 가슴 깊이 새기며 동료들과 함께 마음을 다잡았다.

9장
민족의 이름으로 거사를 치르다

"이 피로 맹세합시다. 우리는 일제 침략의 **원흉**인 이토 히로부미와 친일파 앞잡이들을 제거하여 조국의 독립과 동양 평화를 반드시 이루어 낼 것이오."

의병 활동으로 죽음의 위기를 겪었던 1908년이 지나고 1909년 봄이 되었다. 31세가 된 안중근은 11명의 동지들과 함께 '동의단지회'를 결성하고 각자의 왼손 약지손가락을 끊어 이와 같은 결의를 다졌다. 이들은 태극기 위에 자신들의 피로 '대한독립(大韓獨立)'이라는 글자를 쓰며 나라를 위해 목숨을 바칠 것을 다짐했다.

이 무렵 안중근은 연해주의 한 도시 엔치아에 머물며 독립에 관련된 교육과 계몽 운동을 펼치고 있었다. 그러면서 연해주 지방 독립운동의 구심

점 가운데 하나인 언론 매체 〈대동공보〉 편집장 이강과 친해지게 되었다. 이강과 안중근은 독립운동의 계책에 대해 함께 의논할 만큼 막역했다. 두 사람은 막무가내로 의병 활동을 하는 것은 문제가 있음을 뼈저리게 느끼고 있었으며 철저한 계획에 의해 독립운동을 해 나가야 한다는 데 동의했다.

10월의 어느 날, 안중근은 방 안에 앉아 〈대동공보〉에 실을 논설을 집필하고 있었다. 그때, 문 밖에 누군가 찾아왔다.

"무슨 일이십니까?"

"안중근 씨, 전보가 한 통 도착했습니다. 전신국에 직접 오셔서 받으셔야겠습니다. 급한 것 같더라고요."

"급한 전보? 올 곳이 없는데……. 어디에서 왔습니까?"

"〈대동공보〉라는군요. 어서 따라오십시오."

〈대동공보〉에 낼 논설의 마감 날짜는 아직 멀었는데 급하게 자신을 찾다니, 안중근은 심상치 않은 일임을 직감했다. 얼른 옷을 챙겨 입고 지체 없이 뛰면서, 안중근은 무엇인지 모를 묘한 기대감에 들떴다.

'본사 왕림 요망.'

짧게 쓰인 전보 내용에서 긴박함이 느껴졌다. 안중근은 집에 돌아와 간

원흉
못된 짓을 한 사람들의 우두머리.

〈대동공보〉
1908년에 창간된 러시아 교민 단체 신문. 자주독립과 국권 회복을 위한 기사가 매호마다 실려 해외 동포뿐만 아니라 국내의 독자들에게 커다란 영향을 끼쳤다.

편하게 짐을 싼 후, 블라디보스토크로 향하는 기차에 몸을 실었다.

〈대동공보〉 사무실에서 만난 이강의 얼굴은 긴장되어 보였다. 놀라운 소식을 가지고 있다며 그가 입을 열었다.

"중근이, 드디어 기회가 왔네. 이토 히로부미가 기차를 타고 하얼빈을 방문한다는 특보가 들어왔다네."

"그게 정말인가? 드디어 여러 해 소원하던 목적을 이룰 수 있을 것만 같군. 우리 민족의 원한을 갚기 위해 이 기회를 잘 활용해야겠네."

이러한 정보만 가지고는 큰일을 치를 수 없다. 계획을 세우고 그 계획을 함께할 만한 동지들이 필요했다. 첫 번째 동지는 예전 의병대에서 같이 활동하고 지금은 〈대동공보〉에서 돈 걷는 일을 하고 있는 우덕순이었다. 의병대에서 함께 생활할 때 그의 의로운 성품에 감명받았던 안중근은 우덕순과 함께라면 이토 히로부미의 처단이 가능하다고 생각했다. 두 번째 동지는 러시아 어 통역을 맡아 줄 유동하였다. 안중근은 유동하의 나이가 어리기 때문에 통역만 맡기고 계획 실행에는 참여시키지 않으려고 생각했다. 마지막 동지는 하얼빈에 도착하여 만난 조도선으로, 기개와 **우국충절**이 대단했다.

하얼빈 역에 도착한 안중근 일행은 그 장소에 대한 정보를 모으기 시작하였다. 네 명의 건장한 남자들이 같이 돌아다니면 남의 주목을 끌 수 있기 때문에 조심하고 또 조심했다. 숙소 밖으로 나갈 때도 시간을 정하여 한 명씩 나갔다. 조도선은 하얼빈에 살고 있었기 때문에 정보를 비교적 쉽게 얻었다. 그가 숙소 안으로 급하게 들어오며 말했다.

"이토 히로부미는 하얼빈 역에 10월 26일 아침 9시에 도착한다고 하오. 하지만 걱정거리가 하나 생겼소. 바로 그날 하얼빈 역에 행사가 열리면서 그 경비를 매우 엄중하게 한다고 하오."

"경비가 삼엄할 것이라는 사실은 이미 예상하고 있었소. 혹시 다른 정보는 없소?"

"이토 히로부미가 탄 열차는 하얼빈 역에만 서는 것이 아니라고 하오. 10월 25일 밤 12시 관성자(쿠안청쯔) 역을 떠난 열차가 동청 철도와 남청 철도가 교차하는 채가구(차이자거우) 역에서 한 번 설 것이란 정보가 있소."

"아! 그게 내가 원하던 정보였소! 채가구, 바로 그곳이 이토 히로부미를 처단할 수 있는 기회의 장소인 듯하오. 열차가 잠깐 선다고 하니 러시아도 방심하고 경계를 심하게 하지 않을 것이오. 그 역에서 계획을 실행합시다."

우덕순, 조도선, 유동하는 안중근의 말을 옳다 여기고 짐을 꾸리기 시작했다. 안중근은 어린 유동하를 설득하여 하얼빈의 숙소로 돌려보냈다. 혹시 이토 히로부미에 관한 중요한 정보가 새롭게 들어올 수도 있으므로 새로운 정보가 있다면 꼭 전보로 연락하라는 말도 잊지 않았다.

채가구 역은 시골 간이역이었다. 열차를 기다리는 사람도 없고, 역무원이 이따금 들어오는 열차를 안내할 뿐이었다. 이렇게 한산한 장소에서 세 사람의 옷차림과 행동거지는 너무 눈에 띄었다. 역사 주변에는 아무것도 없

우국충절(憂國忠節)
근심 우, 나라 국, 충성 충, 절개 절. 나랏일을 근심하고 충성을 다하는 절개.

고, 묵을 만한 여관을 찾으려면 시내로 한참 들어가야 했다. 역무원에게 이곳 열차 통행 시간을 묻자 의심스러운 눈길로 일행을 쳐다봤다. 이토 히로부미는 내일 아침 6시에 이곳에 도착한다는 정보를 얻어 냈지만, 이미 낯선 남자들이 이상한 것을 묻고 다닌다는 말이 채가구 역 주변에서 화젯거리가 되었다.

"이곳에 더 이상 있을 수 없겠소. 이렇게 조용한 기차역에서 놈을 처단하는 것은 하얼빈 역에서보다 훨씬 어렵겠소. 또한 아침 6시라면 놈이 이 역에 내릴지도 불확실하오. 이 역에서 잠시 내린다고 하더라도 우리는 이토 히로부미의 얼굴도 모르니 제대로 총을 쏠 확률 또한 낮을 것이오. 계획을 수정합시다."

"우리에겐 남아 있는 여비가 얼마 없소. 셋이 같이 하얼빈 역으로 돌아가는 것보다 이 채가구 역에 우덕순 동지와 조도순 동지가 남아 이토 히로부미를 처단할 기회를 노리기로 하고, 나는 하얼빈 역으로 다시 돌아가 그 놈의 심장을 노리는 것이 가장 타당하오. 두 곳에서 한꺼번에 녀석을 노린다면 처단할 확률도 그만큼 커질 것이오."

"안중근 동지, 우리가 채가구 역에서 성공하지 못한다면 하얼빈 역에서 그대가 반드시 성공시켜 주기를 바라오."

셋은 서로 작별하며 부둥켜안았다. 암살 작전의 끝은 현장에서 체포되거나 총에 맞아 죽는 것뿐이다. 이토 히로부미를 죽이든 못 죽이든, 그들은 일본에 잡혀 목숨을 잃을 운명이었다.

'이 일을 반드시 해내자. 목표를 이루고 장렬하게 조선을 위해 목숨을 바

치겠다.'

시간이 지남에 따라 안중근의 마음속 두려움과 긴장감은 커졌다. 셋은 민족의 독립을 위한 거사가 성공하기만을 마음속으로 빌고 또 빌었다. 하얼빈으로 돌아온 안중근은 깊은 잠에 빠져들었다.

'아버지의 모습이 보인다. 아버지가 웃고 계시다. 아내는 저쪽에서 뭐 하고 있는가? 울고 있는가? 아니다. 얼굴이 보이지는 않지만 분명 잘한다며 칭찬하고 있을 거다. 독립은 반드시 이루어진다며 나에게 외치고 있다.'

아침 일찍 깨어난 안중근은 러시아 순사에게 오해받기 쉬운 새 옷을 모조리 벗고 수수한 양복 차림으로 길을 나섰다.

1909년 10월 26일 8시, 하얼빈 역 앞에 도착한 안중근의 가슴이 떨려 왔다.

'채가구 역에서 아무 소식이 없는 것을 보면 우덕순과 조도선 동지는 이토 히로부미를 해치우지 못했나 보구나. 만약 저격을 시도했다가 실패했다면 이토 히로부미를 경호하기 위한 인원이 역 주변에 많이 나와 있을 것이다. 나는 과연 성공할 수 있을까?'

그러나 역 주변에 군인들이나 순사들은 많지 않았고, 역을 들어서는 사람들의 신분을 확인하지도 않았다. 안중근에게는 매우 다행한 일이었다.

역에는 사람들이 인산인해를 이루고 있었다. 러시아 측에서는 의장대와 군악대까지 준비하여 이토 히로부미를 떠들썩하게 맞을 준비를 하고 있었다. 일본에서는 하얼빈 역 주변에 사는 모든 일본인들을 나오라고 지시한 듯했다. 이렇게 동원된 사람들은 열심히 일장기를 흔들고 있었다.

'이웃 나라를 강제로 뺏고 사람의 목숨도 참혹하게 해치는 자가 이러한 환영을 받다니!'

안중근은 분노가 치밀었지만 마음을 가라앉히고 오늘 자신이 하려고 하는 일에만 집중했다. 이토 히로부미를 저격할 적당한 장소를 찾기 위해 근처 찻집에 앉아 하얼빈 역의 동정을 살폈다. 총을 가진 것을 들키지 않고 이토 히로부미를 쉽게 바라볼 수 있는 최적의 장소를 찾아야 했다. 의장대와 군악대가 서 있는 위치로 이토 히로부미가 내릴 만한 장소를 알 수 있었다. 안중근은 그곳에서 조금 떨어진 장소에서 틈을 노려야겠다고 생각했다.

'사람이 많다. 그들을 어떻게 뿌리치고 앞으로 나갈 것인가?'

안중근은 하나하나 차근차근 계산을 해 봤다. 자신이 노린 장소를 왔다 갔다 하면서 머릿속으로 몇 번이나 저격을 해 보았다.

9시가 가까워 오자 하얼빈 역은 환영 인파가 점점 더 늘어 갔다. 안중근은 사람들 사이를 비집고 들어가 가장 적당한 위치에 가만히 서 있었다. 일장기의 물결 속에 서 있는 조선인 한 사람. 아무도 그를 주의해서 보고 있지 않았지만 뜨거운 환영의 열기 속에 그가 서 있는 곳만은 차디찬 한기가 서려 있었다.

'최대한 냉정을 잃지 말고 흥분하지 말자! 총 쏘는 것에 집중하자!'

안중근은 눈을 감고 마음을 진정시키려고 노력했다. 안중근은 행사가 어떻게 진행되는지, 이토 히로부미의 경호는 누가 하는지 알지 못했다. 이토 히로부미의 얼굴도 몰랐다. 그러나 천천히 신중하게 이토 히로부미가 누구인지 확인한 뒤에 쐈다가는 총을 꺼내기도 전에 발각되어 암살이 실패로 돌아갈 것이라는 생각이 들었다. 어떻게든 그가 내리는 바로 그 순간에 그를 쏴서 맞혀야 했다.

저 멀리서 굉음을 내며 열차가 들어오고 있었다. 사람들의 환호성이 높아졌다. 군악대는 기차가 들어오는 순간에 맞춰 연주 준비를 하고 있었다. 거대한 열차가 속도를 늦추며 천천히 들어섰다. 열차가 멈춰 서자 의장대의 경례와 함께 군악대의 연주가 하늘을 울렸다. 러시아 관료로 보이는 사람이 기차 안으로 들어갔다. 잠시 후, 러시아 사람과 함께 몇 명의 일본인들이 기차 밖으로 모습을 드러냈다. 사람들의 환호 소리가 그때까지와 비교도 안 될 만큼 높아지고 있었다.

'저놈들이다. 조선을 짓밟고 자신만의 이익을 위해 살아온 파렴치한 인간들!'

대여섯 명의 일본인 중에 분명히 이토 히로부미가 있었다. 러시아 병사가 주변에 많아도 안중근은 두렵지 않았다. 지금까지 살아오면서 죽을 고비를 이미 몇 번이나 넘겨 온 그였다. 군대가 늘어서 있는 바로 뒤까지 안중근은 담담하게 뚜벅뚜벅 걸어갔다. 너무 당당하게 걸어서 아무도 안중근을 주의하지 않았다. 막 도착한 이토 히로부미를 보기 위해 병사들도 모두 그쪽으로 시선을 향하고 있었다.

러시아 관리들이 호위하고 있는 대여섯 명 가운데 흰 수염을 기른 조그마한 노인이 앞으로 나서며 주변을 거만하게 둘러봤다.

'저놈이다. 분명히 저놈이다!'

안중근은 그를 향해 권총을 세 발 쐈다. 어렸을 적부터 사격 실력이 대단했던 안중근이다. 세 발 모두 노인의 몸에 정확하게 맞았다. 그러나 그때까지도 이토 히로부미 일행은 군악대의 음악 소리와 사람들의 함성에 총이 발사됐는지조차 몰랐다. 그저 이토 히로부미가 발을 잘못 디뎌 실수로 넘어졌다고 생각했다.

안중근은 총알에 맞은 노인이 이토 히로부미인지 완전히 확신할 수 없었다. 권총 안에 남은 네 발의 총알 중 세 발을 옆에 따라오던 일본 관리들을 향해 쏘았다. 한 발은 하얼빈 총영사 가와카미 도시히코, 한 발은 궁내부 대신 비서관 모리 다이지로, 마지막 한 발은 남만주 철도 회사의 이사 다나카 세이타로를 맞혔다. 모두 치명상을 주는 사격이었다.

그제야 퍼뜩 정신이 든 러시아 헌병이 안중근을 향해 일제히 달려왔다. 안중근의 총에는 아직 한 발의 총알이 남아 있었다. 하지만 안중근에게 이토 히로부미 이외의 사람을 죽이는 것은 목적이 아니었다. 그에겐 오직 동양 평화와 조선의 독립이 최우선이었다. 안중근은 권총을 옆으로 던져 버리며 크게 외쳤다.

"카레이 우라(대한 만세)! 카레이 우라!"

일본인의 함성 소리는 이미 그쳤고 수천 개의 일장기 물결도 멈추었다. 오직 안중근의 외침만 하얼빈 역에 가득했다.

10장
변치 않는 우국충절

러시아 군인들은 안중근을 잡아 경찰서 감옥에 가두었다. 얼마 안 있어 안중근은 일본 영사관으로 넘겨졌다. 그때까지 안중근은 러시아 군인이나 일본 순사들에게 모진 고문이나 가혹 행위를 전혀 당하지 않았다. 오히려 그들은 안중근의 식사나 잠자리를 더 잘 챙겨 주려고 노력하는 모습을 보였다. 이것은 이미 이토 히로부미의 암살이 널리 알려져 국제적으로 관심을 끌게 되었기 때문이다. 안중근의 신상이라든가 생활, 암살 이유 등이 여러 나라의 신문에 **대서특필**되었다. 청나라에서는 안중근을 나라를 구한 영웅으로 대접했고, 미국이나 프랑스 등의 나라는 안중근의 암살 동기를 집중 분석했다. 세계적으로 관심이 집중된 사건의 피의자 안중근을 일본은 함부로 대할 수 없었다.

그것을 알 리 없는 안중근은 일본 재판소에 있는 사람 모두를 아주 고맙게 생각했다. 이토 히로부미가 우리 민족에게 크나큰 잘못을 하였지만 모든 일본인이 그런 것은 아니라고 생각하면서, 자신을 따뜻하게 대해 주는 일본 사람에게는 적극적으로 고마움을 표현하기도 했다.

안중근의 심문을 맡게 된 검찰관 미조부치 다카오 역시 안중근을 아주 정중하게 대했다. 안중근도 그에게 호감을 느껴 대화에 즐겁게 참여할 수 있었다. 하지만 심문을 받는 동안만큼은 조금도 물러서지 않는 단호한 모습을 보였다.

"이토 히로부미를 저격한 이유가 무엇이오?"

"첫째, 대한 제국의 명성 황후를 시해한 죄요, 둘째 고종 황제를 일본 제국 마음대로 폐위시킨 죄요, 셋째, 5조약과 7조약을 강제로 체결한 죄요, 넷째……."

대서특필(大書特筆)
글자를 크게 써서 두드러지게 보이도록 한다는 뜻으로, 신문 등에서 어떤 기사에 큰 비중을 두어 다루는 것을 말한다.

5조약과 7조약
5조약은 을사조약을, 7조약은 정미 7조약, 즉 한일 신협약을 뜻한다. 한일 신협약은 1907년 헤이그 특사 사건을 계기로 고종을 퇴위시킨 뒤에 강제로 맺은 조약으로, 모든 행정 사무와 법령 제정 등의 주요 정치적 업무를 일본인 통감의 승인과 동의 아래 둔다는 내용이었다. 또한 군대가 해산되고 일본인 관리들이 조선(대한 제국) 정부에 대거 채용되면서, 조선은 사실상 일본의 식민 지배하에 놓이게 되었다.

안중근은 막힘없이 이토 히로부미를 저격한 이유를 술술 말했다. 미조부치 다카오는 안중근의 강경한 태도에 놀랐다.

"당신의 말을 들으니 참으로 동양의 **의사**라는 말이 당신에게 걸맞겠소. 재판이 끝나 봐야 알겠지만 사형을 선고받을 일은 없을 것이니 너무 걱정 마시오. 그런데 한 가지 궁금한 것이 있소."

"그것이 무엇이오?"

"일본 제국이 꼭 조선에 나쁜 영향만 끼쳤다고 할 수는 없소. 조선이 흥선 대원군의 쇄국 정책으로 기를 펴지 못할 때 근대화의 물결을 꽃피울 수 있도록 도와준 것은 과연 어느 나라요? 철도, 병원, 공업 시설 등이 일찍이 조선에 들어설 수 있었던 것도 바로 일본 제국이 조선으로 들어왔기 때문이 아니겠소?"

"그게 대체 무슨 헛소리요? 우리 조선인 모두가 그러한 시설을 편히 쓸 수 있었소? 그것을 이용해 조선에 빚을 지게 하고 서민들의 땅을 빼앗지 않았소! 그뿐이오? 일본 사람을 위해서만 법이 존재하고 조선 사람들에게는 핍박만 있을 뿐이었소. 근대화를 한답시고, 조선 사람을 전쟁을 위한 도구로만 취급한 일본이 어떻게 그런 소리를 할 수 있소? 시답지 않은 소리로 조선인을 현혹시키는 재주는 아주 용하구려. 자신들이 한 모든 일이 옳다고 우기는 것은 그대 나라만의 특성 같구려. 피해를 받은 쪽은 우리요. 우리나라가 제대로 된 상황에서 근대화를 위해 노력했다면 일본은 단순히 옆에서 벌벌 떨며 조선에 엎드렸을 것이오. 조선을 보시오. 모든 이들이 합심한다면 나라가 일어나는 일은 오랜 시간이 필요 없소. 일제가 방해하지만 않았다면 이미 조선은 대국이 됐을 거란 말이오. 미조부치 당신을 좋게 생각했건만 오늘 얘기는 아주 못 들어 주겠소. 조선인 중에 그런 말을 하는 사람이 있었다면 돌에 맞아 죽었을 것이오!"

미조부치 다카오는 더 이상 말을 하지 않고 자리를 떴다. 일본에 조금이라도 미안한 마음을 가지고 있다면 안중근은 사형을 면할 수 있을 것이다. 하지만 안중근은 조금도 변하지 않았다. 미조부치 다카오는 안중근을 일본 영사관에서 뤼순 형무소로 옮기는 결정을 내렸다.

뤼순으로 가는 열차를 타기 위해 발길을 옮기던 안중근은 함께 이동하는 죄수들 가운데 우덕순, 조도선, 유동하의 모습을 발견했다. 그들은 눈짓으로 안중근에게 인사를 했다. 안중근은 깜짝 놀랐다.

'아니, 이게 어떻게 된 일인가? 저들까지 왜 잡혀 왔단 말인가?'

채가구 역에서 의심받을 만한 행동을 했던 우덕순과 조도선은 안중근이 떠난 직후, 이토 히로부미가 열차에서 내리는 장면도 보지 못하고 일본 순사들에게 잡히고 말았다. 유동하는 하얼빈 역에서 안중근이 잡히고 난 뒤, 수사에서 유력한 용의자로 지목되어 잡혀 왔다. 안중근은 안타깝고 참담한 마음을 감출 수 없었다. 특히 유동하와 같은 어린 친구까지 해를 당하는 것이 무척 가슴 아팠다.

퍽!

의사(義士)
나라와 민족을 위해 자기 몸을 바치려는 뜻을 가지고 의로운 일을 행한 사람.

갑자기 안중근의 얼굴에 주먹이 날아왔다. 매서운 눈빛에 얼굴이 벌게진 일본 순사 한 명이 욕설을 하며 소리를 고래고래 질렀다. 안중근도 화가 나 손을 수갑에 묶인 채로 일어나 왜 때리느냐며 달려들었다. 안중근의 옆에 앉아 있던 순사가 놀라 안중근을 말렸다.

"당신은 이토 히로부미를 죽였소. 그러니 일본 제국 사람이 당신을 좋게 볼 리 있겠소? 모두 당신이 자초한 일이니 너무 성내지 마시오."

"나는 일본인 전체를 나쁘게 보지 않소. 모든 일본 사람들이 조선을 업신여기진 않는다고 생각하오. 하지만 이토 히로부미는 다르오. 그는 우리 조선을 침탈하려 했으니 그냥 두었다면 우리에게 분명 더한 고통을 줬을 것이오. 그것만은 분명하오."

안중근은 한 치의 흐트러짐도 없이 이야기했다.

슬픔의 내용과 무게는 전혀 달랐지만, 자신도 동료들이 체포된 것에 대해 슬퍼하고 있었고 일본인들도 이토 히로부미의 죽음을 슬퍼하고 있었다. 그러나 감정을 표현할 수 있는 방식은 나라의 힘에 따라 달랐다. 일본인들은 안중근을 억압하고 핍박하며 슬픔과 분노를 나타낼 수 있었지만, 안중근은 그저 핍박받는 자기 민족을 보며 눈물을 흘리는 일밖에 할 수 있는 게 없었다. 자신이 한 일에 대한 분명한 확신이 있었지만, 그것이 얼마만큼 조선인들의 마음을 깨울 수 있을지, 안중근의 마음속에 걱정이 밀려왔다. 이 일이 조선을 제대로 깨우고, 후에 독립을 이루는 발판이 될 수 있을까. 안중근의 마음이 아파 왔다.

뤼순 형무소로 옮기고 안중근에 대한 재판이 진행되었다. 일본은 재판을 오래 끌어 봐야 자신들에게 좋을 것이 없다고 판단하고 있었다. 세계 여러 나라의 이목이 집중된 재판에서 조선의 국민 모두가 일본의 통치를 부정하고 있다는 인상을 주지 않기 위해, 이 사건을 안중근이 개인적으로 저지른 범죄로 축소하고자 한 것이다. 일본이 조선을 관리하는 것을 조선 백성들이 원하고 있다고 국제 사회에 선전하기 위한 간악한 술책이었다.

하지만 이토 히로부미를 저격한 일은 안중근 혼자 한 일이 아니었다. 〈대동공보〉 직원들, 연해주의 의병대, 그리고 모든 조선 백성의 도움과 열망으로 이루어진 일이었다. 이미 이토 히로부미의 암살과 관련하여 잡혀 온 사람만 수십 명이었다. 만약 그 사람들이 다 처벌받게 되면 일제의 조선 지배는 그 타당성을 잃어버리게 된다. 결국 일제는 이토 히로부미의 암살을 안중근 혼자 짊어지도록 했다.

"이 사건은 안중근의 과대망상으로 인해 발생한 비극적인 사건이다. 안중근 개인이 이 극악한 범죄를 계획했으며 이토 히로부미의 죽음에 모든 조선인들은 애도를 표하고 있다. 이는 흉악한 범죄이므로 안중근은 극형에 처하는 것이 옳다."

일본 판사의 이러한 판결에도 안중근의 마음에는 변화가 없었다. 오히려 독립에 대한 열망이 더욱 강렬해졌다.

조선에서는 안중근을 살리기 위한 여러 사람들의 노력이 계속되었다. 조선의 정신이 움직이기 시작한 것이다. 사람들은 연일 일본 영사관 앞에서 안중근을 풀어 주라는 시위를 벌였다. 안중근의 가족은 조선인 변호사 선임을 요청했고 여러 외국인 변호사들도 변호를 자청했다.

일제도 처음에는 조선인들의 완강한 저항에 변호사 선임을 인정하는 듯했으나 이내 태도를 바꾸어 변호사마저 일본인으로 결정해 버렸다.

"나는 일본 제국이 공명정대하게 재판을 진행할 줄 알고 기다렸다. 하지만 그것은 지나친 바람이었다. 가장 비열한 수법으로 나의 몸을 해치려 하지만 나의 정신은 절대로 물러나지 않겠다. 영원히 살아 독립을 위해 힘쓰겠다."

형식적인 몇 번의 재판이 오가는 과정에서 안중근은 재판정 안의 모든 사람에게 동양 평화와 조선 독립에 대한 자신의 견해를 펴 나갔다. 일본인들이 야유를 보내고 위협했지만 안중근의 목소리는 흔들림이 없었다. 특히 이토 히로부미가 무엇을 잘못했는지 하나하나 말할 때는 더더욱 단호해졌다. 재판정 안의 일본인 모두 안중근이 두려워졌다. 만약 조선에서 재판이 이루어져 이러한 안중근의 모습을 조선인들이 보게 된다면 어떤 결과가 찾아올 것인가? 일본은 안중근의 재판을 조선에서 치러야 함에도 불구하고 폭동이 일어날까 걱정되어 그렇게 할 수 없었다.

일본은 조선인들과 내외신 기자들이 재판정에 들어오는 것을 막고 온통 일본인만으로 방청석을 가득 채워 마지막 재판을 열었다.

"이것이 어찌 된 일인가? 나는 당당한 조선의 국민인데 어찌하여 일본 감옥에 갇혀 있으며, 내가 한 일을 왜 일본 법률로 일본의 재판정에서 재판을 받아야 하는가? 판사도 일본인, 검사도 일본인, 변호사도 일본인, 통역관도 일본인, 방청인도 일본인! 이야말로 벙어리 연설에 귀머거리 방청이 아닌가?"

안중근은 답답했다. 하지만 자신이 조선의 자랑스러운 국민이란 사실을 한순간도 잊지 않았다. 자신의 목숨을 조국의 독립을 위해 바치겠다는 결심을 한시도 놓지 않았다.

1910년 2월 14일, 최종 선고일이 되었다. 미조부치 검찰관은 피고의 죄상을 설명했다. 일본 제국의 조선 보호 정책이 조선인들에게 고마운 것인 줄 모르고, 안중근 혼자서 이토 히로부미를 죽이는 것이 의거라고 착각하여 살해했다는 것이 검사 측의 주장이었다. 어이없는 발언이었지만 안중근은 담담하게 받아들였다. 그리고 마침내 안중근에게 최후 변론을 할 기회가 주어졌다.

"만일 일본인이 죄가 없다면 무엇 때문에 조선인을 겁내는 것인가? 이토 히로부미를 살해한 것은 분명히 우리 민족의 뜻이다. 오늘 또다시 조선인을 겁내는 일본인이 있다면 그것은 이토 히로부미와 같은 뜻을 가진 사람이 아니겠는가? 이토 히로부미를 일본 제국에서는 영웅이라 부르는지 모르겠지만 우리 민족에게는 사악한 놈이다. 나는 사악한 사람이 더 이상 나쁜 짓을 저지르는 것을 막기 위해 대한 의군 참모 중장의 이름으로 하얼빈에 이르러 그 뜻을 이룬 것이다. 분명 내가 처음 잡혔을 때 너희는 나의 뜻이 맞다 하고 죄도 경감될 것이라 했다. 그런데 이제 와서는 나를 사형에 처하겠다니, 참으로 웃기는 이야기지 않은가? 이러한 법으로 날 심판하려 한다면 사형 이상의 형을 달라! 일본인은 재주가 없어 일본 법에 사형 이상의 형은 마련해 두지 못했는가?"

안중근의 한마디 한마디가 재판정에 쩌렁쩌렁하게 울려 퍼졌다.

안중근의 선고 공판 결과가 발표되었다. 판결 주문은 다음과 같다.

피고 안중근은 사형에 처한다.
피고 우덕순은 징역 3년에 처한다.
피고 조도선, 유동하를 각각 징역 1년 6개월에 처한다.
압수물 중 피고 안중근이 소유한 권총 1정과 탄환 1발,
탄창 2개와 탄환 7발 및 피고 우덕순이 소유한
권총 1정과 탄환 16발을 몰수한다.
기타 물품은 각 소유자에게 돌려준다.

11장
살아 있는 이름, 안중근

    사형을 언도받고 뤼순 형무소에 복역 중이던 어느 날, 안중근의 두 동생 정근과 공근이 찾아왔다. 동생들은 눈물범벅이 되어, 자랑스러운 형의 손을 잡았다. 안중근은 자신을 대신해 가족을 떠맡아야 할 동생들에게 미안한 마음이 들었다. 동생들이 없었다면 과연 마음 놓고 생을 마감할 수 있었을까?

    동생들은 어머니 조마리아 여사가 보낸 **수의**와 편지를 전했다.

> **수의**
> 죽은 사람의 몸에 입히는 옷.

네가 만약 늙은 어미보다 먼저 죽는 것을 불효라 생각한다면, 이 어미는 웃음거리가 될 것이다. 너의 죽음은 너 한 사람의 것이 아니라 조선인 모두의 분노를 짊어지고 있는 것이다. 네가 **항소**를 한다면 그것은 일제에 목숨을 구걸하는 짓이다. 네가 나라를 위해 여기까지 이른 것이니 딴마음 먹지 말고 죽으라. 옳은 일을 하고 받은 형이니 비겁하게 삶을 구하지 말고, 대의에 죽는 것이 어미에 대한 효도이다.

아마도 이 편지가 이 어미가 너에게 쓰는 마지막 편지가 될 것이다. 여기에 너의 수의를 지어 보내니 이 옷을 입고 가거라. 어미는 현세에서 너와 다시 만나기를 기대치 않으니, 다음 세상에는 반드시 선량한 천부의 아들이 되어 나오너라.

어느 어머니가 아들에게 죽으라는 말을 하고 싶을까? 아들이 형장으로 갈 때 입을 수의를 만드는 어머니의 가슴은 얼마나 찢어졌겠는가? 안중근은 어머니가 이 편지를 통해 의로운 죽음을 두려워하지 말고, 어머니에 대한 걱정도 하지 말라는 뜻을 전하고 있다는 것을 알았다.

'어머니 감사합니다! 제 마음이 더욱 편해졌습니다. 저는 이제 두려워하지 않겠습니다.'

안중근은 어머니에게 마지막 편지를 썼다.

항소
판결을 받아들이지 않고 재심을 요구하는 일.

어머님께

야소를 찬미합니다.

불초한 자식은 감히 한 말씀을 어머님 전에 올리려 합니다. 엎드려 바라옵건대 자식의 막심한 불효와 아침저녁 문안 인사 못 드림을 용서하여 주시옵소서.

이 이슬과도 같은 허무한 세상에서 감정에 이기지 못하시고 이 **불초자**를 너무나 생각해 주시니 훗날 영원의 천당에서 만나 뵈올 것을 바라오며 또 기도하옵니다.

현세의 일이야말로 모두 주님의 명령에 달려 있으니 마음을 편안히 하옵기를 천만 번 바라올 뿐입니다. 장남 분도는 장차 신부가 되게 하여 주시길 희망하오며, 후일에도 잊지 마시옵고 천주께 바치도록 키워 주십시오.

그 밖에도 드릴 말씀은 허다하오나 후일 천당에서 기쁘게 만나 뵈온 뒤 누누이 말씀드리겠습니다. 위아래 여러분께 문안도 드리지 못하오니, 반드시 꼭 주교님을 전심으로 신앙하시어 후일 천당에서 기쁘게 만나 뵈옵겠다고 전해 주시기 바라옵니다. 이 세상의 여러 가지 일은 정근과 공근에게 들어 주시옵고 배려를 거두시고 마음 편안히 지내시옵소서.

야소
'예수'를 한자음 그대로 읽은 말.

불초자
아들이 부모를 상대로 자신을 낮추어 이르는 말. '불초'란 아버지를 닮지 않았다는 뜻으로, 못나고 어리석은 사람을 뜻한다.

그래도 가족들을 다시 만날 수 없다는 사실은 견디기 힘든 것이었다. 안중근은 가족들이 보고 싶고, 어머니의 품 안에 함께하고 싶었다. 아내를 생각하니 더욱 그랬다. 안중근은 사랑하는 아내에게도 편지를 남겼다.

야소를 찬미하오.
우리는 이 이슬과도 같은 허무한 세상에서 천주의 **안배**로 **배필**이 되고, 다시 주의 명령으로 이제 헤어지게 되었소. 그러나 머지않아 천주님의 은혜로 천당 영복의 땅에서 모이려 하오. 살아가는 어려움에 너무 지치지 말고 천주님의 안배를 믿고 열심히 신앙하시오. 외로우신 어머님께 효도를 다하고 두 시동생과 화목하며, 자식들의 교양에 힘써 주시오. 세상 살아가는 데 몸과 마음을 편안히 하고 후일에 천당의 낙을 누리게 되길 빌 뿐이오.
장남 분도는 신부가 되게 하려고 마음을 먹고 있으니, 그리 알고 반드시 잊지 마시오.
하고 싶은 말은 많지만 뒷날 천당에서 기쁘고 즐겁게 만나서 자세한 얘기를 나눌 기회가 있을 것을 믿고 또 바랄 뿐이오.

'아려, 미안하오. 천국에서 꼭 이 모든 은혜를 갚으리다.'
안중근은 어머니와 아내 외에도 소중한 사람들에게 여러 장의 편지를 썼다. 모두 자신의 신앙을 고백하고, 죽음을 담담히 받아들이는 내용이 대부분이었다.
안중근은 면회 온 동생들에게 미리 유언을 했다.

"내가 죽은 뒤에 나의 뼈를 하얼빈 공원 곁에 묻어 두었다가 우리 국권이 회복되거든 고국으로 옮겨 와 장사를 치러 다오. 나는 천국에 가서도 마땅히 우리나라의 회복을 위해 힘쓸 것이다. 너희들은 돌아가서 동포들에게 각각 모두 나라의 책임을 지고 국민 된 의무를 다하며 마음을 같이하고 힘을 합하여 공로를 세우고 업을 이르도록 일러 다오. 대한 독립의 소리가 천국에 들려오면 나는 마땅히 춤추며 만세를 부를 것이다."

1910년 3월 26일 오전 10시, 안중근은 어머니가 지어 준 수의를 입고 사형장으로 걸어갔다. 형장에는 미조부치 검찰관과 구리하라 형무소장이 앉아 있었다.

"피고 안중근에게 이토 히로부미를 살해한 죄로 사형을 집행하겠다."

"……."

"뭔가 할 말은 없는가?"

"유언은 이미 가족에게 모두 했으나, 다만 내가 이토 히로부미를 죽인 이유는 동양 평화를 위해 한 일이므로 앞으로 한일 양국의 국민이 서로 일치단결하여 동양 평화의 유지를 위해 노력할 것을 바란다."

안배
알맞게 잘 배치하거나 처리함. 여기서는 신의 뜻에 따라 모든 것을 계획하고 이끌어 감을 뜻한다.

배필
부부가 될 짝.

두려운 죽음을 앞둔 사형수가 동양 평화를 이야기하자 주변은 더욱 숙연해졌다. 안중근의 눈이 가려지고, 마지막으로 기도를 올릴 시간이 주어졌다. 안중근은 무릎을 꿇고 간절한 기도를 올렸다. 그리고 한 걸음씩 교수대를 향해 다가갔다.

철컥.

안중근이 교수대 밑으로, 세상 밖으로 영원히 사라졌다. 시간은 오전 10시 15분을 가리키고 있었다.

사형 집행 소식을 듣자마자 동생들이 형의 시신을 찾기 위해 달려왔다. 그러나 형무소 측은 주변 공동묘지에 안중근의 시신을 황급히 매장하고 가족에게 돌려주지 않았다. 안중근의 묘역이 조선인들의 성지가 될 것을 두려워했기 때문이다.

안중근의 의거 이후 100년이 넘는 세월이 흘렀고 우리나라는 오래전에 광복을 맞았지만, 여전히 그의 시신은 고국으로 돌아오지 못하고 어디에 묻혀 있는지도 정확히 알려지지 않았다. 지금 서울 효창 공원에는 독립운동가 윤봉길, 이봉창, 백정기, 김구의 시신이 묻힌 묘와 함께 안중근의 빈 무덤이 주인을 기다리고 있다.

그렇다면 안중근은 영원히 사라진 것인가?

안중근이 죽은 뒤, 곳곳에서 안중근 의사 추모회가 개최되었다. 블라디보스토크에서 열린 추모회는 항일 의병 운동에 힘을 불어넣었고, 우리나라처럼 일본에 핍박을 받고 있던 중국인들은 안중근에 대한 연극을 상연하며 독립에 대한 의지를 불태웠다. 1928년 영화 감독 정기탁은 안중근을 모델

로 한 영화 〈애국혼〉을 상하이에서 상영하며 독립에 대한 의지를 널리 전했다. 또한 안중근의 정신을 이어받은 항일 무장 투쟁이 여러 독립투사들과 대한민국 임시 정부를 통해 이루어졌다.

안중근의 정신과 사상은 안중근이 옥중에서 집필한 **《동양 평화론》**의 미완성 원고를 통해서도 엿볼 수 있다.

1. 동양의 중심지인 뤼순을 중립 지역으로 정하고 위원회를 만들어 분쟁을 미연에 방지한다.
2. 한중일 3개국이 일정한 돈을 들여 공동 은행을 세우고 공동 화폐를 발행하여 어려운 나라를 서로 돕는다.
3. 동북아 공동 안보 체제를 구축하고 국제 평화군을 창설한다.
4. 로마 교황청도 이곳에 대표를 파견하여 국제적 승인과 영향력을 갖게 한다.

안중근은 일찍이 인류의 평화와 행복을 추구하고자 했으며, 아시아의 여러 국가들끼리 서로 협력하고 도와야 한다는 것을 깨닫고, 여러 가지 기구의 필요성을 주장하였다. 서로 자기의 이익만을 주장하고 싸우기만 한다면 어떤 문제도 해결될 수 없다고, 안중근은 오늘날 분단된 국가에 살고 있는 후손들에게 지금도 외치고 있다.

우리나라는 1945년 8월 15일 광복을 맞았고, 이제 일본과는 국제 사회에서 함께 교류하고 경쟁하는 관계이다. 그러나 일본의 횡포가 완전히 끝난 것은 아니다. 일본은 일제 강점기 위안부로 끌려가 모진 고통을 받았던 할머니들에게 아직까지도 제대로 된 사과를 하지 않았으며, 역사를 왜곡하며 과거의 침략을 정당화하고 심지어 대한민국의 영토인 독도를 자기네 땅이라고 주장하고 있다.

이러한 상황에 분노하고 일본의 잘못된 생각과 행동을 바로잡을 이 시대의 안중근이 필요하다. 바로 안중근의 후손인 우리가 그의 정신을 이어받아 대한민국 국민으로서의 정체성과 올바른 역사의식을 가지고 의로운 분노를 나타내야 할 것이다. 안중근이 그토록 원하던 동양의 평화는 그리 어려운 것이 아니다. 안중근 의사의 정신을 가지고 뒤따르는 사람들이 대한민국에 존재하는 한, 일본의 잘못된 생각은 분명 바로잡을 수 있을 것이다.

안중근 의사가 외친 '카레이 우라!', '대한 만세!'라는 외침은 아직까지 우리의 가슴속에 살아 있다.

그는 죽지 않았다. 안중근은 결코 사라지지 않았다.

《동양 평화론》
안중근은 이토 히로부미를 암살한 후 일제에 의해 사형 언도를 받고, 감옥 안에서 자신의 평전인 《안응칠 역사》와 《동양 평화론》을 집필하였다. 《동양 평화론》은 한국, 중국, 일본 세 나라의 공조와 협력을 통해 서양 세력의 침략과 세계정세에 대응하며, 서로 화합하여 동양 평화와 세계 평화를 이루고자 집필한 논집이다. 그러나 1910년 3월 26일 사형이 집행되어 《동양 평화론》은 완성되지 못하고 미완성작으로 남게 되었다.

역사 한 고개

안중근을 기다리는 독립운동가들

서울 효창 공원에는 백범 김구를 비롯한 대한민국 임시 정부 주요 인사들의 묘소와 함께 '삼의사의 묘'가 있다. 삼의사란 윤봉길, 이봉창, 백정기 의사를 일컫는 말이다. 나란히 위치한 삼의사의 묘 옆으로 비어 있는 무덤이 하나 있다. 바로 안중근 의사의 유해를 위해 남겨 놓은 자리이다. 지금까지 발견되지 못한 안 의사의 유해가 하루빨리 제자리를 찾기를, 효창 공원에 잠든 독립운동가들은 여전히 기다리고 있다.

김구(1876~1949)

18세에 동학에 입도한 김구는 동학 농민 운동 당시 19세의 나이로 선봉장이 되어 황해도에서 동학 농민군을 이끌었다. 그러다 동학의 기강이 무너지면서 약탈을 일삼는 것을 보고, 1895년에 안중근의 아버지 안태훈의 보호 아래 있게 된다. 그곳에서 선비 고능선에게 가르침을 받으며 항일 의식을 키운 김구는 중국으로 건너가 의병대에

중국 상하이에 있던
대한민국 임시 정부 청사의 모습

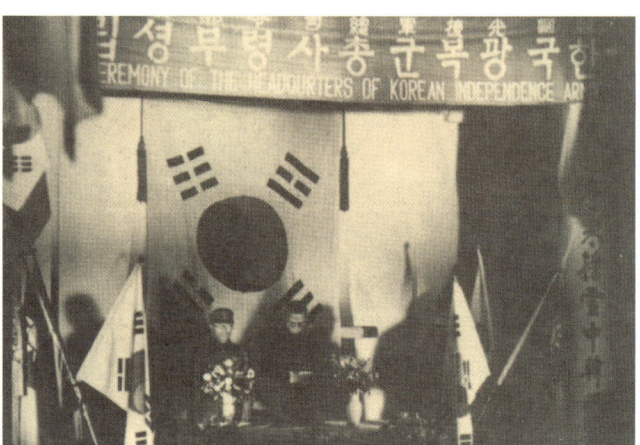
1940년 9월 17일 중국 충칭에서 열린
한국광복군 총사령부 성립 기념식

서 활동하였다. 김구는 그 뒤 을미사변의 원수를 갚기 위해 한 일본인을 살해한 혐의로 사형을 선고받기도 했으나 고종의 특사로 형을 면한 뒤 청소년 교육, 신민회 활동 등 구국 운동에 참여한다. 1919년 3·1 운동 후 더욱 심해진 일제의 감시와 탄압을 피해 중국 상하이로 망명한 김구는 대한민국 임시 정부에서 활동하기 시작하고, 1931년에는 일제의 주요 인물들을 제거하기 위해 한인 애국단을 조직하여 이봉창, 윤봉길 등의 의거를 지휘하였다. 1939년에는 임시 정부 주석에 취임하여 이듬해 한국광복군을 조직하고, 임시 정부의 이름으로 일본에 정식 선전 포고를 했다. 한국광복군은 미국, 중국, 영국 등의 연합군과 함께 곳곳에서 일본군과 싸웠고, 미군과 함께 국내로 잠입하여 일제의 주요 기관을 무너뜨려 독립을 쟁취할 작전을 준비했으나 일제의 빠른 항복으로 실행하지는 못했다. 광복 이후 귀국한 김구는 신탁 통치와 남한 단독 총선을 반대하며 진정한 자주독립을 주장하였고, 남북한 통일 정부 수립을 적극 추진하였으나, 1949년 육군 소위 안두희에게 암살되었다.

윤봉길(1908~1932)

19세 때 농촌 계몽 운동에 참여하기 시작한 윤봉길은 야학을 통해 사람들에게 글을 가르칠 뿐 아니라 민족의식을 심어 주는 일을 적극적으로 추진했다. 그러던 중 본격적인 독립운동을 하고자 '장부가 집을 떠나 뜻을 이루기 전에는

의거에 앞서 윤봉길이 김구와 함께 찍은 사진

살아서 돌아오지 않는다(丈夫出家生不還).'라는 편지를 남기고 1930년 고향을 떠나 중국으로 망명한다. 중국에서 독립운동의 방향을 모색하던 중 상하이에서 김구를 만난 윤봉길은 한인 애국단에 가입하고, 일본의 상하이 점령 축하 행사가 열리는 기념식장을 거사 장소로 정했다. 1932년 4월 29일 상하이 훙커우 공원의 기념식장, 상하이 파견 일본군 사령관 시라카와를 비롯한 주요 인사들이 자리한 단상을 향해 윤봉길은 폭탄을 던졌다. 시라카와와 카와바다 일본 거류민 단장이 사망했고, 나머지 사람들도 중상을 입었다. 윤봉길은 그 자리에서 체포되었고, 12월 19일 일본 오사카에서 사형을 당했다.

이봉창(1900~1932)

이봉창은 어린 시절부터 일본인 상점에서 일하며 부당한 대우를 받으면서 항일 의식을 갖게 되었다. 그 뒤 일본으로 건너가 여러 가지 일을 하며 일본어와 일본 문화를 익힌 이봉창은 독립운동에 목숨을 바치겠다는 생각으로 중국 상하이에 가 김구를 만난다. 김구는 이봉창을 한인 애국단에 가입시키고, 일본 왕 암살 계획을 세우게 된다. 1931년 12월, 거사 준비를 마친 이봉창은 일본인으로 위장하여 일본 도쿄에 도착하고, 이듬해 1월 관병식을 마

의거를 위해 일본 도쿄로 떠나기 전
태극기 앞에서 의지를 다지는 이봉창

치고 도쿄 경시청 앞을 지나는 일본 왕 히로히토를 향해 수류탄을 던졌다. 그러나 명중시키지 못하고 그 자리에서 체포되어 그해 10월 사형에 처해졌다.

백정기(1896~1934)

3·1 운동의 기운이 무르익어 가고 있던 1919년, 서울에 있던 백정기는 고향에 내려가 동지들을 모아 만세 운동을 주도하였다. 그리고 다시 서울로 돌아와 일제 기관 건물을 파괴하는 등 강경한 형태의 항일 운동에 참여하다가 만주 지역으로 건너갔다. 그 뒤 국내외를 오가며 항일 활동을 펼치던 중 항일 구국 연맹을 결성하고, 주요 시설 파괴, 주요 인사 및 친일파 숙청 등의 활동을 전개한다. 1933년 3월, 중국 주재 일본 공사 아리요시 아키라를 암살하려고 모의하던 중 계획이 발각되어 체포되었고, 무기형을 선고받아 복역하던 중 옥사하였다.

효창 공원 안에 있는 삼의사의 묘와 안중근의 빈 무덤

- **안중근에게 묻다**
  오늘날의 우리들이
  알고 싶은 이야기

Q 어릴 때 선생님은 자신이 훌륭한 사람이 될 거라고 생각하셨나요? 그러기 위해 어떤 노력을 하셨는지 궁금해요.

안중근: 저는 지금도 제가 훌륭한 사람이라고 생각하지 않아요. 하지만 어릴 때부터 인생을 살면서 꼭 지키려고 노력했던 것이 몇 가지 있어요. 훌륭한 사람이 되기 위해서라기보다는, 반드시 지켜 마땅한 것들이라고 생각했기 때문이지요. 우선, 나라에 대한 사랑을 저 자신의 행복보다 우선시했어요. 나라가 있어야 나도 있는 것이니까요. 제가 살았던 시대는 우리나라

가 외세의 침략으로 위기에 처해 있었기 때문에 나라를 생각하는 마음이 더욱더 간절했답니다. 그리고 사람의 도리를 꼭 지키려고 노력했어요. 천주교의 가르침대로 남을 사랑하고 도우려고 했지요. 사람은 출신이나 배경에 관계없이 누구나 가치 있고 귀한 존재이니까요. 여러분이 꼭 지키려고 노력하는 것에는 무엇이 있나요? 이번 기회에 꼭 생각해 보세요.

Q 선생님은 어릴 때부터 한 가지 일을 끝까지 해내려고 노력하셨더라고요. 저는 한 가지 일을 꾸준히 못 하고 중간에 그만두는 경우가 많은데 어떻게 하면 선생님처럼 할 수 있을까요?

안중근: 제가 꾸준히 한 것들은 모두 제가 진심으로 원하는 일이었고, 그런 일을 하면서 즐겁고 기뻤답니다. 우리나라의 독립과 동양 평화가 저에게는 다른 어떤 것보다 중요했어요. 그래서 그것이 이루어질 수 있을 때까지 힘들고 아픈 것은 얼마든지 견뎌 낼 수 있었지요. 여러분도 하려던 일을 도중에 그만두지 말고, 그것을 좋아하도록 노력해 보세요. 그리고 목표를 세워 하나씩 이루어 가다 보면, 어느 순간 그 일에 재미를 느끼고 있는 자신을 발견할 수 있을 겁니다.

Q 일본에 대해 어떻게 생각하세요? 무척 밉게 느끼실 것 같아요.

안중근: 저는 일본이라는 나라 자체를 싫어하지는 않아요. 일본은 다른 사람에게 폐를 끼치지 않으려고 노력하는 예의 바른 사람들이 많고, 또 고유의 아름답고 독특한 문화와 뛰어난 기술을 가진 배울 점이 많은 나라랍

니다. 하지만 몇몇 아주 잘못된 생각을 가진 사람들이 우리나라를 비롯한 여러 나라를 괴롭혔고, 지금도 옳지 않은 주장을 하며 나라 간의 평화를 깨뜨리고 있지요. '한국이 이만큼 발전한 것은 일본이 지배해 줬기 때문이다', '과거 일본이 일으킨 전쟁은 동양 평화를 위해 벌인 것이다', '식민 지배가 아니라 한국을 지켜 주기 위한 배려였다' 등등 과거에 벌인 잘못을 사과하기는커녕 오히려 피해자에게 호통을 치는 사람들이 있어요. 저는 이렇게 잘못된 사고방식을 가진 일본인들을 아주 싫어하고, 그 생각을 반드시 바꿔 줘야 한다고 생각해요.

Q 선생님은 지금의 학생들에게 어떤 말을 해 주고 싶으세요?

안중근: 요즘의 학생들에게 서로에 대한 이해심과 협동심을 키우라는 이야기를 해 주고 싶어요. 한 교실 안에서 같이 공부하고 뛰어노는 사람들은 모두 여러분의 소중한 친구들이에요. 각자 생각하는 것이 다르고 좋아하는 것도 다를 수 있지만, 서로가 한 발씩만 물러나서 생각하면 모든 것을 이해할 수 있어요. 그렇게 되면 교실 안이 평화로워지고, 그런 평화로운 상황에서 진심으로 협동할 수 있을 거예요. 내일 학교에 가면, 그동안 친하게 지내지 못했던 친구에게 다가가 따뜻한 말 한 마디를 걸어 보는 것은 어떨까요?

Q 서울 효창 공원에는 빈 무덤 하나가 주인을 기다리고 있어요. 바로 선생님의 묘예요. 선생님의 유언대로 어서 조국으로 돌아와 묻히고 싶지 않으신지요?

안중근: 저의 시신을 찾기 위해 많이들 노력하고 있다고 들었어요. 후손 여러분에게 깊은 고마움을 느낍니다. 저의 육체가 고국 땅에 돌아올 수 있다면 한없이 기쁘겠지만, 그렇게 되지 못하더라도 저는 괜찮습니다. 여러분들이 아직까지 저를 잊지 않고, 항상 불러 주고 있으니까요. 저에 관한 책을 읽고, 기념관을 찾아 저의 삶을 살펴보며 기억해 주니, 그게 너무 고맙습니다. 저의 삶을 통해 여러분이 우리나라를 사랑하는 마음을 간직하고 살아갈 수만 있다면 저는 더 이상 바랄 것이 없습니다.

안중근이 걸어온 길

- 1879년   9월 2일(음력 7월 16일) 황해도 해주부 광석동에서 안태훈과 조성녀(마리아)의 장남으로 태어남.

- 1884년   황해도 신천군 두라면 청계동으로 이주함.
- 1884년   갑신정변.

1880   **1890**

- 1894년   김홍섭의 딸 아려와 혼인함. 민간에 횡포를 부리는 동학군에 대항하여 싸움.
- 1897년   천주교에 입교하여 세례를 받음.
- 1894년   동학 농민 운동, 청일 전쟁, 갑오개혁.
- 1895년   을미사변.
- 1897년   대한 제국 선포.

● 1905년	독립 기지의 건설을 위해 중국을 방문함.	
	아버지 안태훈 사망.	
	첫째 아들 분도 태어남.	
● 1906년	삼흥 학교를 설립하고,	
	돈의 학교를 인수하여 민족 교육에 앞장섬.	
● 1907년	국채 보상 운동에 참가함.	
	석탄 광산 사업을 시작하나 파산함.	
	연해주로 건너가 의병대 참모 중장이 됨.	
● 1908년	의병대를 이끌며 일본군과 여러 차례 전투를 벌임.	
● 1909년	동의단지회를 결성함.	
	10월 26일 하얼빈 역에서 이토 히로부미를 암살하고 체포됨.	
	《안응칠 역사》와 《동양 평화론》을 집필함.	
● 1904년	러일 전쟁. 한일 의정서 체결.	
● 1905년	을사조약 체결.	
● 1906년	조선 통감부 설치(초대 통감 이토 히로부미).	
● 1907년	헤이그 특사 사건, 고종 강제 퇴위, 한일 신협약 체결.	

1900 — **1910**

● 1910년 6번의 재판을 거쳐 사형을 언도받음.
　　　　　3월 26일 뤼순 형무소에서 순국함.
● 1910년 일제에 국권을 빼앗김.